MÁGICO

ERUPCIÓN VOLCÁNICA

Y PESADA HERENCIA

en Garachico-Tenerife

Basado en una historia real

por

Peter Reger

Impressum
2023 dlpVerlag Reinhold Pachowsky/Alemania
2ª edición 2024
Foto de portada de Pixabay.com

La historia está basada en una erupción volcánica en Garachico que ocurrió realmente en 1706. Todo lo demás descrito sobre los personajes y los personajes en sí son ficticios cualquier suceso similar sería pura coincidencia. Si alguna persona viva se sintiera ofendida de algún modo, no era ésa la intención del autor. Asimismo, los "negros" no deben considerarse racistas, sino habitantes de África.

Fotos de Garachico en Internet:
www.garachicofotos.dlpverlag.de

Índice

1 Introducción　3
2 Primer contacto　6
3 El pasado　13
4 Los guanches　23
5 Extranjeros aristocráticos　32
6 Ana Martínez　41
7 Barcos y piratas　44
8 El Castillo de San Miguel　54
9 La erupción volcánica　61
10 En el puerto en 1706　67
11 El pirata Amaro Pargo y las damas de la noche　73
12 Ideas de tesoros　82
13 Erupción volcánica y taxonomías católicas　86
Epílogo　109
El autor　114
Literatura utilizada　111

- 1 -
Introducción

Bienvenidos a Garachico, pequeña ciudad portuaria situada en el noroeste de la isla canaria de Tenerife (Spain), con unos 2.000 habitantes en el centro y otros 2.000 en los barrios periféricos, incluidos los pueblos incorporados. La ciudad fue fundada en 1496 por Cristóbal de Ponte, banquero genovés. Fue también el primer alcalde de la ciudad.

Por encima de la ciudad, bajo el volcán Teide, hay otro volcán más pequeño, Montaña Negra, también conocido como Vulcàn Garchico, que entró en erupción en 1706, destruyendo parcialmente la floreciente ciudad comercial e inutilizando el puerto.

Edificios catalogados, iglesias y monasterios resultaron dañados por la lava al rojo vivo, pero se dice que "no hubo víctimas mortales". Esta increíble historia llamó la atención del autor, que emprendió un viaje a Garachico, en el norte de Tenerife, para investigarla. Se interesa por la gente de la época, que debió de verse totalmente sorprendida por una erupción volcánica nocturna, un infierno que los envolvió de repente a ellos y al puerto, que era el centro económico.

Pero, según los relatos oficiales, no hubo víctimas mortales. Esta afirmación es inverosímil y, por lo tanto, me gustaría investigarla y averiguar si puede ser creíble -en comparación con la erupción volcánica de 2021 en la isla de La Palma- o si es falsa. En mi opinión, debe haber habido cientos de locales muertos a miles de africanos muertos (en los barcos).

Me encuentro con varias personalidades en Garachico, entre ellas un profesor que puede informar de muchas cosas. Como faltan muchos datos y cifras, tenemos que conformarnos con suposiciones probables. La descripción de esta terrible catástrofe natural es históricamente muy escueta, pero sobre todo contradictoria, no sólo en lo que se refiere a la afirmación de que "no hubo muertos". Apenas puede haberlos si se comparan, por ejemplo, los resultados de la erupción volcánica de Pompeya y la de 2021 en la vecina isla de La Palma, documentada por numerosos vídeos en Internet. Ni en el ayuntamiento, en los archivos municipales, ni en ningún otro lugar de la ciudad hay referencias concretas que vayan más allá de lo general, por ejemplo informes de testigos presenciales, registros o estudios científicos. Sólo la antigua puerta de la ciudad da testimonio del incidente y del puerto inutilizado. Esta ocultación y otras incoherencias confirman mi sospecha: ¡aquí pasa algo! ¿Pero por qué? Y quiero investigar esta sospecha hoy en mi tercera visita y profundizar en las circunstancias (muy probables) de esta época, es decir, principios del siglo XVIII, y los efectos que aún no se han analizado.

- 2 -
Primer contacto

La "Plaza de la Libertad", en el centro de Garachico, es una plaza pavimentada con escudos de bronce incrustados en el suelo, magníficos árboles altos, un pequeño pabellón para la restauración y bancos de madera para sentarse. Hace sol y calor, con pequeñas nubes y una ligera brisa: el típico tiempo canario. Me siento en uno de estos bancos a la sombra, cerca del monumento a Simón Bolívar, el luchador por la libertad de Sudamérica, y leo en el mapa que Garachico es el lugar de nacimiento de sus antepasados. Sí", pienso, muchos habitantes canarios emigraron a Venezuela, Bolivia, Perú, Colombia y otros países tras la mencionada erupción volcánica y, según los medios de comunicación, sus descendientes están regresando a Tenerife durante la crisis en estos países. En el puerto hay un monumento en recuerdo de las emigraciones, pero ninguno en memoria de la terrible erupción volcánica.

Estoy sentado en el banco leyendo el libro "Tenerife", una guía de viajes recomendada, y al principio no me doy cuenta de que me observan. Sólo cuando se me acerca un hombre mayor me doy cuenta de su presencia. El "español" se ve enseguida: No muy alto pelo negro-gris atado hacia atrás camisa gris-negro pantalón negro y zapatos de cuero negro. Se detiene delante de mí, me mira y me dice en alemán:

"Tienes un libro en alemán sobre Tenerife en la mano. ¿Es usted alemán?"

"Sí señor"

"¿Puedo sentarme con usted?"

Al principio me sorprendo, porque hay muchos asientos disponibles y el distanciamiento social es una norma básica desde la pandemia de coronavirus. Pero no quiero ser descortés y digo:

"Sí por favor" y me deslizo un poco hacia un lado.

"Soy el profesor Eugene Phillipe Carlos. Todo el mundo me llama

simplemente como Don Carlos. Por desgracia, mi alemán no es muy bueno".

Digo: "Mi español también es moderado".

Ambos nos reímos y se rompe el hielo: nos caemos bien.

"Encantado de conocerle, profesor. Me llaman Pedro Sombra porque, en sentido figurado, prefiero trabajar en segundo plano, en la sombra. Por favor, llámeme Pedro. He abierto el capítulo de Garachico en el libro porque me interesa el pasado, sobre todo la erupción volcánica de 1709, el puerto y el desarrollo de la ciudad. Me parece que algo de lo que se ha transmitido no es del todo correcto".

"Qué casualidad", exclama el profesor, "mi cátedra en la universidad es Historia de Canarias y eso incluye desde la geología a los volcanes pasando por el crecimiento del pueblo y las costumbres."

Don Carlos baja la cabeza y continúa en voz baja:

"¿Sabe usted que Garachico (lo pronuncia Garatschico) ha sido azotado por catástrofes varias veces en el pasado, por ejemplo la peste hizo estragos en la Edad Media, en 1645 una inundación azotó muy fuerte el pueblo, en 1659 hubo una gran plaga de langostas y dos veces en 1692 y 1697 hubo una conflagración en parte del pueblo. También cabe destacar un corrimiento de tierras en 1645 en el que se hundieron 40 barcos mercantes y murieron unas 100 personas. Hoy se sabe que este enorme corrimiento de tierras desencadenó un tsunami que arrasó los barcos, hundiéndolos y destruyendo todo lo que llevaban a bordo. Los marineros probablemente no tuvieron ninguna oportunidad, ni tampoco los innumerables esclavos que se encontraban en el vientre de los barcos. Probablemente no los contaron porque eran negros de África y se les consideraba mercancía".

Miro al profesor con los ojos muy abiertos, así que añade:

"Como científico, me gusta trabajar con hechos, pero se ha publicado muy poco sobre la erupción volcánica de 1706".

"Entonces tenemos los mismos intereses, pero yo no soy científico.

No soy científico, sino autor de libros", le digo, "y quiero escribir un nuevo libro sobre Garachico y la erupción volcánica. Donde no haya hechos, quizá haya que nombrar algo comparable".

"¿Así que quieres saberlo todo sobre Garachico?".

"Sí, con mucho gusto. ¿Qué le pasó a Garachico después del desprendimiento?".

"Después del desprendimiento", dice, "61 años más tarde llegó la erupción volcánica del 5 de mayo de 1706, que destruyó radicalmente todo a su paso. La lava fluyó en siete torrentes hacia la ciudad y especialmente hacia el puerto, destruyendo el corazón del desarrollo económico de la ciudad y de toda la región. Ese día debía de haber entre treinta y cuarenta barcos mercantes en el puerto, todos cargados de oro y plata. Se dice que el galeón "Maria Galante", un mercante de tres mástiles que era un buque de guerra rápido, maniobrable y marinero para los estándares de la época, estaba amarrado en el puerto pero se hundió y aún no ha podido ser rescatado. Debió de haber varios barcos en el puerto porque este periodo fue una especie de "boom" de la navegación. Miles de barcos salieron de Europa, especialmente de España, Francia, Portugal y, sobre todo, Inglaterra, para transportar todo tipo de mercancías a través del mar hasta Sudamérica, el Caribe y Asia, trayendo de vuelta todo lo que podían conseguir. Y el puerto de Garachico estaba convenientemente situado en esta ruta de transporte. Esto justifica la suposición de que debió de haber varios barcos en el puerto. Lo que se sabe, sin embargo, es que no hubo víctimas mortales durante la erupción volcánica."

"¿Perdón? No hubo muertos: ¿una erupción volcánica en esa época sin muertos?".

Es la primera vez que oigo esto y me levanto del banco agitado porque esta contradicción es evidente y absolutamente falsa. En Garachico hay varias iglesias y monasterios y los monjes ya entonces sabían leer y escribir en latín. ¿De verdad no escribían nada? Camino de un lado a otro y pienso: "No puede ser cierto que una catástrofe natural tan terrible y sus consecuencias humanas no fueran documentadas en ninguna parte por testigos presenciales y hechas públicas para las generaciones futuras". Al final vuelvo a calmarme y me siento.

"¿Cómo puede ser? ¡No hay muertos! Esa afirmación no puede ser cierta", digo finalmente.

"Estoy seguro de que tienes razón. Garachico esconde a sus muertos. La historia sólo enumera los edificios total o parcialmente destruidos por la lava a consecuencia de la erupción volcánica, pero supuestamente toda la gente pudo salvarse."

"¿Y usted se lo cree?"

"No", dice el profesor, "pero no hay registros oficiales de ello, así que no hay pruebas de lo contrario".

Me siento extrañamente conmovido porque la verdad me toca de cerca y hay algunas contradicciones inexplicables en la historia de Garchico, varias incoherencias o más bien afirmaciones que realmente no pueden ser ciertas. Miro el mar hacia el oeste. Unos kilómetros más allá está la isla de

La Palma con la erupción volcánica de octubre de 2021 ¡Qué impresionante es una erupción volcánica así! No hay fotos de la última erupción en Tenerife en 1706, la fotografía aún no se había inventado, y por supuesto no hay películas ni vídeos, pero tampoco hay dibujos y, como se ha mencionado, al parecer no hay informes de testigos oculares de la catástrofe. ¿O es que se mantienen en secreto? Y si es así, ¿por qué?

Sin embargo, ahora, en 2021, en La Palma, se pudo captar la impresionante erupción con fotos y vídeos. Los vulcanólogos también sabían razonablemente bien por las investigaciones en el volcán de Pompeya y en otros lugares que el volcán expulsa lava a temperaturas de hasta mil grados y también gases muy tóxicos. Y que la lava se desliza lenta pero implacablemente por la ladera siguiendo la fuerza de la gravedad, destruyendo brutalmente todo lo que encuentra a su paso.

En la época de la erupción volcánica de Tenerife, en 1706, la gente no tenía ni idea de esto. Es cierto que la gente no sabía nada más sobre los volcanes hace unos trescientos años. Excepto que podían ser crueles. Y por eso eran venerados.

"Por favor, miren allá arriba, a la montaña volcánica", interrumpe mis pensamientos el profesor.

Nos levantamos. Señala en dirección al campo de lava, luego hacia arriba y continúa:

"Desde la escarpa hasta este borde de desprendimiento se puede ver que éste ciertamente no vio nada o no mucho de la erupción y la lava en la noche del 5 de mayo de 1706, ni sospechó nada del terrible peligro inminente. Días antes, como en todas las erupciones, hubo continuos terremotos como presagios, que en sí mismos ya eran espeluznantes. Cuando el volcán entró en erupción por la noche con un estruendo muy fuerte, la presión de los gases hizo añicos las ventanas de cristal de todo el pueblo y una nube negra en forma de hongo se disparó a kilómetros de altura en el cielo, como puede verse durante las erupciones volcánicas en La Palma. Pero como aún era de noche, las nubes negras debieron convertir el amanecer en noche. Y cuando la lava caliente y brillante se amontonó al borde de la erupción y llovieron piedras, sólo entonces se reconoció el peligro. Sin embargo, probablemente ya era demasiado tarde para la aldea de El Tangque, situada en lo alto de la colada de lava. Animales y personas murieron calcinados sin dejar rastro. Sin duda, en Garachico también murieron muchas personas, algo sobre lo que volveremos con más detalle. Y había varios barcos mercantes en el puerto que tampoco debieron sospechar el peligro".

"Lógica interesante", digo yo, "pero adoptemos una visión más amplia de lo sucedido. ¿Tiene un poco de tiempo, profesor? Me gustaría analizar con usted la situación en aquel momento".
Don Carlos asiente y nos sentamos.

- 3 -
El pasado

Don Carlos hace una pequeña pausa y finalmente dice:

"Volviendo a la historia de Garachico (lo pronuncia gara-chico) que formalmente significa Villa y Puerto de Garachico así que villa y puerto. En 1706, a principios del siglo XVIII, la villa era mucho más pequeña que ahora y estaba unos tres o cuatro metros más abajo. La ubicación de la puerta de la villa excavada, llamada Puerta de Tierra, así lo demuestra. Además, se mencionan cinco iglesias, cuatro monasterios y varias capillas, lo que sugiere que la villa era un gran centro católico."

"¿Así que la Iglesia católica tenía cinco iglesias y cuatro monasterios en un pueblo tan pequeño en aquella época?", exclamé. "¿No era también la época de la Inquisición?".

Lo pensé: desde principios del siglo XIII, la

La Inquisición era un procedimiento judicial utilizado por la Iglesia católica romana para tratar a los presuntos herejes y blasfemos desde principios del siglo XIII. Con la ayuda de la Inquisición, la Iglesia Católica Romana intentó asegurar su supremacía en la Europa medieval. Cualquiera que se opusiera a la Iglesia Católica era sistemáticamente perseguido y castigado. ¿Qué? La Iglesia católica era aquí un centro absoluto de poder para todos, como demuestran de forma impresionante las iglesias y monasterios.

"Una cosa me llamó la atención: Aparte de los españoles, las Islas Canarias fueron atacadas por ingleses y portugueses, por ejemplo, pero no Garachico porque nadie parecía querer meterse con la Iglesia católica", digo finalmente.

"Esta suposición podría ser correcta. Por ejemplo, el Castillo de San Miguel, que también se llama "fortaleza" porque en realidad es sólo una torre, fue incendiado una vez pero nunca fue destruido y todavía se puede ver hoy en día", dice don Carlos y continúa: "Abajo, junto al puerto, podemos ir más tarde, se puede ver esta torre, un edificio cuadrado con un tejado plano y un cañón. Señal inequívoca de que no se construyó para combatir, porque una pregunta: ¿se construye una fortaleza para que la gran roca de El Roque, que se alza en el mar a un lado del puerto viejo, dificulte o incluso impida la defensa? Respuesta: No. Un buque de guerra enemigo podría escabullirse detrás de la roca y sorprender a los defensores. Un buque de guerra típico como el inglés, por ejemplo, habría destruido la "fortaleza", es decir, la torre, con un solo cañonazo bien dirigido. Pero, al parecer, esto nunca ocurrió, a pesar de varios siglos de navegación. Un libro sobre Garachico de la época sólo dice que la torre fue "incendiada" y que un hombre se ofreció a reconstruirla a sus expensas por unos diez mil pesos si a cambio le daban un título de conde italiano. No lo consiguió y probablemente por eso no se le hizo nada a la torre, pero muestra indirectamente el poder de las familias de condes italianos locales."

"¿Quemada?", pregunto. "Las piedras no se queman, el edificio probablemente tenía un tejado de madera y los títulos por dinero no son nada nuevo. Y has dicho "fortaleza". El edificio no es una fortaleza. Las conozco de la Europa continental. Son completamente diferentes. En una posición elevada y mucho más grandes, más macizas y rodeadas por una muralla o un foso con agua. Difícil de derrotar para el enemigo. Pero este castillo no habría sido un obstáculo para los enemigos".

"En cualquier caso, no se construyó un tejado, o ya no se construyó. A pesar de tener un cañón, el edificio tenía sin duda una función económica más que militar, ya que sólo se utilizaba para disparar un tiro cuando había barcos a la vista, sobre todo para informar a los comerciantes de la ciudad y de la región de que había nuevos barcos a la vista. Así que todos los que tenían algo que vender se dirigían al puerto", añadió don Carlos.

"Seguro que era así", digo yo. "El edificio en sí probablemente servía sobre todo de vigía y alojamiento para el capitán del puerto".

"Los informes de la época también mencionan un hospital y varias casas señoriales", dice don Carlos.

"El hospital debió de ser una instalación importante para el cuidado de los muchos marineros que resultaban heridos en los barcos. La vida en un barco no era romántica, como se suele suponer, sino muy dura porque cada marinero estaba completamente a merced de las circunstancias de la vida, es decir, de los caprichos del tiempo y del mar, de los caprichos de sus compañeros y de los caprichos del capitán y sus oficiales. Y realmente podías lesionarte gravemente al zarpar y hacer marinería, o salir herido en discusiones y peleas", digo y don Carlos asiente.

Miro a mi alrededor y me doy cuenta de que cada vez hay más gente en la Plaza de la Libertad y sobre todo en nuestras inmediaciones. Estamos directamente rodeados. Todos los bancos y mesas del café están ocupados y me parece que la gente vuelve los oídos en nuestra dirección. Pero hablamos alemán. ¿Son turistas alemanes? ¿O es Don Carlos una celebridad aquí?
No parece darse cuenta ni estar acostumbrado. En cualquier caso, continúa imperturbable:
"El hecho de que ya hubiera casas señoriales aquí hacia 1700 d.C. sugiere que los constructores y propietarios no eran guanches y, por tanto, no eran lugareños, porque los guanches, como descendientes de los bereberes, no conocían las casas de piedra, sino sólo las tiendas y las cuevas."
"Probablemente fueron construidas y habitadas principalmente por familias nobles españolas e italianas. De ellos también hay que hablar", digo y continúo:
"Aquí en el libro 'Tenerife' se mencionan algunos condes y condesas italianos que se dice que residieron en Garachico y aún viven aquí. Todos los nombres de la aristocracia italiana como Marqués de ... varios conde de ... y sobre todo la familia del Ponte, al parecer todavía hoy

grandes terratenientes. Sabían palacios de piedra de su patria de Venecia Génova Roma y otros. Y los historiadores saben que cuando la gente abandona su tierra natal, se construye nuevas casas con el mismo estilo arquitectónico en su nuevo hogar. Por tanto, los palacios de esta época son la prueba de que Garachico no sólo era un centro católico en esta época, hacia 1700, sino también un centro italiano. En otras palabras: una "isla italiana" dentro de una isla guanche en pleno territorio español. Vaya".

Sólo ahora me fijo en una joven que viene detrás de mí y me dice:

"Perdone, sólo he oído su última frase. ¿Está hablando de Garachico? ¿Puedo sentarme con usted?".

No espera a que le digamos que sí, sino que se sienta en el suelo delante de nosotros.

"Soy Jessica, una estudiante de Munich y actualmente estoy en un programa de intercambio aquí en Tenerife en la universidad de Laguna y la semana pasada hablamos sobre Garachico pero no había mucha información. Espero que puedas darme alguna".

"Sí, Jessica, hablamos de Garachico", dice alegremente don Carlos, presentándose como profesor y yo como autora de libros alemanes.

"Acabo de decir que este libro (lo levanto) menciona una serie de nombres de la aristocracia italiana que, al parecer, vivían en palacios aquí en la época de la erupción volcánica de 1709, que es lo que más me interesa. Además, ya entonces había cinco iglesias, cuatro monasterios y varias capillas en esta pequeña comunidad, todos construidos en piedra, mientras que los indígenas guanches vivían en tiendas y cuevas, por lo que probablemente no sabían mucho de edificios de piedra, especialmente iglesias y palacios, debido a su ascendencia. ¿Qué te dice eso?"

"Ese Garachico .... "
La interrumpió don Carlos:

"Se pronuncia 'Gara-chiko' "

"Que Garachico era un 'pueblo multicultural' con guaches, italianos y españoles".

"Al menos aquí seguro que había otras etnias y algún guache porque ¿quién construyó los palacios? ¿Quién acarreó las piedras y los materiales de construcción, transportó las instalaciones asociadas, especialmente la madera preciosa, y construyó las calles? Incluso se dice que una de las calles estaba hecha enteramente de mármol - ¿dónde hay mármol aquí? - en el que los ciudadanos normales no podían entrar, o sólo de forma limitada", añado a la frase.

"Los guanches, desde luego, no lo éramos", dice una brillante voz femenina desde detrás.

"Éramos y seguimos siendo un pueblo orgulloso. Y los españoles también. No somos ni fuimos nunca partidarios del trabajo esclavo".
Me doy la vuelta y miro directamente a los ojos azules de una bonita mujer de pelo negro, piel morena y vestido colorido.
Vestido colorido. Me quedo sin palabras porque tiene un carisma increíble y una fuerte personalidad. Se da la vuelta

y se va. Jessica salta inmediatamente gritando "¡Señora!" y corre tras ella. Le pregunto a don Carlos:

"¿Conoce a esta mujer?"

"Sí, se llama Ana Martínez. Tiene una tienda de moda en el centro de la ciudad", dice y señala hacia el centro. Veo desaparecer a Jessica.

"¿Esperamos a que vuelva o seguimos?".
Pero don Carlos ya está sermoneando:

"La instalación más importante de toda la isla de Tenerife en aquella época era Garachico, más bien el puerto era un puerto comercial donde paraban los numerosos barcos mercantes que iban y venían de Europa a América para cargar alimentos frescos y agua potable o para recargar la carga. Esta época fue la gran época de la llamada flota de la plata y así fue como surgió:"

Jessica regresa y vuelve a sentarse en el suelo sin decir palabra. Don Carlos respira hondo y dice:

"¡La Flota de Plata! El descubrimiento del continente sudamericano por Cristóbal Colón en 1492 y, sobre todo, los ricos yacimientos de oro y plata electrizaron a los gobernantes europeos de la época. Se volvieron francamente codiciosos de metales preciosos. El Dorado, la "Ciudad Dorada" encantada, entusiasmó sobre todo a los españoles. Se enviaron innumerables barcos para recoger el metal precioso y otros bienes, así como esclavos, y llevarlos al rey en España. En Sevilla se creó la Casa de Contratación, una autoridad real que concedía licencias a los capitanes de los barcos y controlaba las importaciones y exportaciones para recaudar derechos de aduana y actualizar las cartas náuticas. Así, la flota de plata tenía las siguientes razones. En primer lugar, permitir un transporte seguro por barco, es decir, protección contra piratas y maleantes en el mar. En segundo lugar, esta protección externa era también una protección interna, es decir, que todos los barcos siguieran y ninguno se desviara. Estamos hablando de miles de barcos cada año".

Don Carlos vuelve a respirar hondo y dice

"El gran tráfico marítimo también atraía a otros: Los piratas. Se llevaban las mercancías de los barcos mercantes en alta mar y cualquiera que se resistiera era asesinado. Esto hacía que el mar fuera inseguro e incluso peligroso para los barcos mercantes, por lo que Sevilla decidió proteger los barcos mercantes con barcos de guerra. Se trataba de la ya mencionada flota de la plata. Una de ellas zarpó hacia el sur de España por la costa africana hasta Sudamérica en marzo-abril. Los barcos invernaban en el Golfo de México y emprendían el viaje de regreso en primavera.

Una segunda flota partió en septiembre-octubre hacia Colombia, Panamá, Perú, etc. para llevar a España plata, oro, joyas, azúcar, cacao, tabaco, especias, porcelana y otros productos. ¿Puede seguirme?".

"Sí, muy interesante", dice Jessica. "Esto es lo que he aprendido".

Saca un cuaderno de su bolso, lo abre y dice:

"Así que había dos flotas al año. Una flota solía constar de diecinueve a veintitrés barcos mercantes y el mismo número de barcos de guerra. Había un intenso tráfico marítimo. Conozco los datos de memoria: Se contaron catorce mil cuatrocientas cincuenta y seis travesías entre 1546 y 1650 y dos mil doscientas veintiuna travesías entre 1717 y 1772. Numerosos ingleses y portugueses surcaron también los mares con sus propias flotas. Por tanto, es probable que entre mil y dos mil barcos recorrieran el Atlántico cada año. Alrededor de cuatrocientos barcos no fueron destruidos por piratas durante este tiempo, sino por tormentas".

Hace una breve pausa y nos mira a la cara con deleite.
"Y también hubo un pirata aquí en la isla, Amaro Pargo".

Don Carlos ríe brevemente y dice:
"Sí, así es".
Y Jessica continúa:
"Uno de los piratas que se distinguió especialmente fue, en efecto, Amaro Roderiguez Felipe y Tejera Machado, pirata bautizado en Tenerife en mayo de 1678 y residente en el norte de Tenerife, conocido como Amaro Pargo, nombre de un pez depredador. En su juventud ya se movía en barcos y finalmente, por circunstancias favorables, le regalaron uno con el que inició sus viajes de comercio y piratería. El comercio de esclavos le hizo rico".
"Luego hablaremos de él", dice don Carlos.

Estas palabras me hacen pensar:

"De esto se deduce que los guanches eran, en efecto, un pueblo pacífico y orgulloso que se limitaba principalmente a cuidar de sus animales y a cultivar para su propio consumo y para comerciar un poco.

Durante mucho tiempo, no les interesaron las iglesias, los monasterios ni el cristianismo en general, ya que tenían una larga tradición de dioses y ritos propios, que defendían enérgicamente.

Aparte de eso, no querían saber nada de los extranjeros y les dejaban hacer.

- 4 -
Guanches

A raíz de nuestra animada conversación, cada vez más gente se reúne a nuestro alrededor y nos observa con curiosidad y a veces con recelo.

"Ese hombre de ahí, el del abrigo de cuero marrón", dice don Carlos en voz baja, "es el señor Alonso, que se considera sucesor directo del rey guanche de Icod y es un fanático ecologista en la vida real".
Luego se dirige directamente a él:
"¡Hola señor Alonso! Por favor ven a nosotros".
Significa: Por favor, venga a nosotros.

El señor Alonso hace como si acabara de vernos y saluda con la mano. Es relativamente alto, unos 180 metros, por lo que sobresale, tiene el pelo rubio medio largo y unos ojos azules que ahora brillan de alegría. Lleva un abrigo de cuero marrón y zapatos de cuero marrón de un estilo especial. Creo que debe de tener unos cuarenta años.
"¡Hola, don Carlos!"
Se acerca a nosotros.
"Habla varios idiomas, entre ellos alemán, porque estudió en Alemania, Francia y en la península", susurra don Carlos.

"¡Buenos días! Soy Alonso (Buenas tardes, soy Alonso)".

"Buenos días" dicen Jessica y "Jessica".

"Ven y siéntate con nosotros", dice Don Carlos en alemán.

Alonso mira a su alrededor, coge una silla libre de la cafetería cercana y se sienta a cierta distancia de nosotros.

"Soy Pedro Sombra, de Alemania", me presento y le doy la mano.

"Es autor de libros y está muy interesado en Garachico y la erupción volcánica", añade don Carlos. Y también presenta brevemente a Jessica como "estudiante de Alemania". El señor Alonso me mira y dice:

"El profesor Carlos ya lo habrá dicho: Estoy muy orgulloso de ser descendiente directo de un rey guanche de los Menceyes de Icod de los Vinos. Profesionalmente, soy ecologista y funcionario del Cabildo de Tenerife. Por ello, estoy especialmente interesado y comprometido con temas medioambientales como la depuración de aguas, las aguas residuales y la contaminación marina, la conservación de la naturaleza y el paisaje, etc. Hay mucho por hacer. ¿Tiene alguna pregunta para mí?".

"Sí, me gustaría saber más sobre los orígenes de los guanches. ¿De dónde vienen?".

Alonso se ríe un poco tímidamente.

"Estaba esperando esa pregunta porque me la hacen mucho, claro. Todavía hoy no está claro cuándo y dónde se colonizaron las Islas Canarias. Por supuesto, hay algunas teorías sobre la colonización. Debido al origen volcánico de las islas, la gente no podía ser indígena en este sentido de la palabra, pero debieron desembarcar de algún sitio, ya fuera por casualidad o por designio, en el periodo que va desde alrededor del año 1200 d.C. Durante siglos, las Islas Canarias debieron ser tierras rocosas sin signos de cultivo, pero más tarde con muchas cabras y animales, gente casi desnuda vestida sólo con pieles de cabra de colores".

Alonso se toma un pequeño respiro y continúa:

"Los primeros habitantes de Tenerife se llamaban a sí mismos 'guanches'. Se traduce como: Hombre o pueblo de Tenerife. Pero aún no se ha encontrado escritura, sólo dibujos en las paredes. Las pruebas de ADN confirman una ascendencia africana, probablemente de los bereberes. Esto es verosímil porque la gente de aquí vivía principalmente en tiendas y cuevas, que siempre han existido en Tenerife, o en cabañas, cuidaban cabras y ovejas, tenían perros -Canarias significa perros- y se dedicaban a la agricultura. En cualquier caso, no construían casas de piedra porque los bereberes no las conocían en aquella época. Pero trabajaban el barro a mano y esta habilidad ha llegado hasta nuestros días. Y sabían embalsamar a los muertos, que también se guardaban respetuosamente en cuevas. También llama la atención que, como yo, tenían los ojos azules y el pelo rubio, a veces teñido de rubio dorado. El pelo lo llevaban relativamente corto, llegando como mucho a los hombros, como lo llevo yo tradicionalmente. El abrigo es un tamarco, una prenda curtida y coloreada de piel de cabra. Lo llevaban corto y largo, incluso las mujeres. Normalmente llevaban una enagua de gamuza debajo y calzaban zapatos de piel de cabra.

"Ah, sí, señor Alonso", interrumpió Jessica con entusiasmo, "por favor, cuénteme más cosas sobre las mujeres guache".

"Las mujeres guache llamadas Magadas se describen como de pelo largo, vestían blusa o top y falda y se dice que tenían una actitud guerrera. Aunque la sociedad era patriarcal por naturaleza, se dice que las mujeres desempeñaban un papel importante. De hecho, esto sigue siendo así hoy en día.

Esto me recuerda una historia muy bonita. Cuenta una leyenda que, durante la conquista, un grupo de soldados españoles se encontró con una hermosa indígena que iba a buscar agua a un manantial con una vasija de barro. El capitán se enamoró espontáneamente de la mujer y ordenó a sus soldados que la hicieran prisionera. Sin embargo, la mujer guanche prefirió gritar "vacaguaré", que significa: prefiero morir cayendo por el barranco antes que caer en manos de un conquistador. En su honor, la zona donde hoy se encuentra el centro histórico del municipio recibió el nombre de Fuente de La Guancha. Esta historia también se refleja en el escudo del municipio. Dos mujeres guanches sostienen una vasija de barro en un brazo y el escudo en el otro. Sobre una cinta roja se lee en letras doradas el texto "Nombre te dieron agua y mujer", que significa "Agua y mujer te dieron tu nombre".

Sin embargo, en la mayoría de los casos, hombres y mujeres iban juntos a la batalla, y las mujeres parecían especialmente feroces, por lo que los conquistadores las llamaron "Amazonas", probablemente en referencia a la mitología griega.

Otra leyenda es la de la princesa Guacimara de Anaga. Luchó enérgicamente contra el desembarco de los invasores en las playas y se dice que su belleza impidió que los atacantes se enfrentaran a ella."

Don Carlos asiente ante algunos pasajes y pone cara seria ante otros. En general, Alonso ha hecho una afirmación probablemente correcta.

Pienso en lo que acaba de decir. Se acerca mucho a lo que se sabe de los pueblos primitivos de África: una vida sencilla en familia, en armonía con la naturaleza y los animales, viviendas sencillas, vestimentas relativamente elaboradas y creencia en los dioses.

El señor Alonso está cada vez más metido en el ajo:

"Todo grupo necesita un liderazgo y una jerarquía y por eso existía el guanche sencillo como agricultor o como artesano. Por encima, había una jerarquía de 'nobles' a la que podía ascender cualquiera que tuviera un modo de vida honorable. Por ejemplo, no se le permitía cometer robos o acercarse indecentemente a una mujer, era importante la pureza de su sangre, es decir, una clara descendencia de sus antepasados, y tenía que ser recomendado por otro noble.

Por encima de los nobles en la jerarquía estaban los sacerdotes y, por último, los reyes llamados "menceyes". Tenerife estaba dividida en nueve de estos menceyatos, o reinos, con una zona central alrededor del volcán Teide que se designaba como zona de pastoreo comunal. Garachico pertenece al menceyato de Icod de los Vinos. Así que ése fue uno de mis antepasados".

Lucía se entretiene escribiendo y Alonso asiente con la cabeza. De repente mira su reloj.

"Ah, son casi las once. Lo siento, pero tengo que ir a la oficina municipal. Si quieres, vuelvo luego".

"Sí, me encantaría", le digo, "estaría bien que volvieras".

volvieras".

Se levanta y se despide.

"Hoy en día los habitantes de Tenerife deben haberse mezclado mucho. Con españoles al menos", dijo lacónicamente don Carlos cuando el señor Alonso se marchó y continuó:

"Pero quien aún pueda demostrar un árbol genealógico guanche, por supuesto que se siente especialmente orgulloso. Pero los españoles tampoco necesitan esconderse, no han hecho nada malo a los guanches".

Hay una breve pausa y le pregunto a don Carlos si quiere tomar algo. Asiente con la cabeza. Miro hacia el quiosco. Hay una camarera. Le hago señas para que se acerque, pero niega con la cabeza. La saludo de nuevo, pero vuelve a negar con la cabeza.

"Puede que no venga", digo, un poco decepcionado.

"No puede", responde don Carlos, "¿ves las líneas blancas? Son los límites de la dirección. Tendrá que hacer el esfuerzo usted misma".

"No hay problema".

Don Carlos y Jessica sólo quieren un agua. Así que voy al quiosco y pido tres aguas a la camarera del mostrador. Ella sonríe mientras me da el agua y yo le doy el dinero. Vuelvo a los bancos con tres vasos de agua en la mano.

"¡No puede ser!", grita de repente don Carlos, "Ahora también viene el alcalde. Alonso le habrá hablado de nosotros".

Un hombre trajeado y bien alimentado se acerca a grandes zancadas a la plaza y luego a don Carlos. Se ríe de oreja a oreja y grita:

"Encantado. Me ha dicho Alonso que está usted en la plaza con un señor de Alemania y que están conversando profundamente sobre la historia de Garachico." Don Carlos traduce porque el alcalde habla español, claro. Me levanto y digo:

"Soy Petro. Soy un autor de libros de Alemania".

"Es un placer conocerle. Soy Diego de Paz, el alcalde". Habla alemán y al ver mis ojos asombrados se limita a decir:

"Yo también estuve mucho tiempo en Alemania".

Después de que Jessica se haya presentado, los tres tomamos asiento y el alcalde se sienta inmediatamente en la silla de Alonso. Luego hace una seña a la camarera y he aquí que llega. También pide un agua -no, cuatro, porque la nuestra se la había bebido entretanto-.

"He oído que le interesa especialmente la erupción volcánica de 1706", me pregunta el alcalde.

"Sí, porque no parece estar documentada en ninguna parte, ni figura en la lista internacional de erupciones volcánicas, dado el elevado número de dignatarios católicos que había aquí y que todos sabían leer y escribir. Además, hay discrepancias sorprendentes en la presentación".

"Bueno", dice el alcalde, "aún no he pensado seriamente en eso".

"Pero deberías", dice don Carlos con un tono sorprendentemente venenoso y continúa:

"Ya hemos hablado de que Garachico ya tenía entonces cinco (recalca la palabra) iglesias y cuatro monasterios. ¡En un lugar tan pequeño! ¿Puede explicarlo?". El alcalde pone cara de interrogación y finalmente dice:

"Sí, somos un país católico, eso lo sabe todo el mundo. Claro que la acumulación de iglesias y monasterios es un poco exagerada, pero se debe a la historia de Garachico."

Añade don Carlos:

"El número de iglesias y monasterios es uno de los pocos datos reales y no se puede pasar por alto. Yo ya he sacado mi conclusión. Pero me interesa: ¿Qué concluye usted?".
Pero el alcalde hace una mueca incrédula y dice:

"Es todo lo que se me ocurre en este momento".

Finalmente, don Carlos hace un gesto de enfado con la mano derecha que lo dice todo o nada.

- 5 -
Extranjeros aristocráticos

Tras una breve pausa, reanudo la conversación:

"Acabamos de estar aquí con los guanches cuando estuvo el señor Alonso y deberíamos hablar de la mezcla poblacional de Tenerife ahora que está usted aquí señor alcalde. Mi opinión es la siguiente: El primer asentamiento fue de los guanches, como quiera que hayan llegado a la isla. Probablemente reasentaron bereberes porque sabían mucho de ganadería para sus necesidades y no construyeron casas de piedra. ¿Verdad?"

Hago un movimiento de barrido con la mano hacia las casas. Asentimos. Jessica toma la palabra:

"Por mis estudios sé que en el periodo siguiente los ingleses franceses holandeses y portugueses intentaron conquistar las islas sin éxito porque fueron rechazados. Los guanches, sin embargo, no atacaron a ningún otro país, ni construyeron barcos de guerra ni desarrollaron ningún talento para las armas de guerra masivas, como las espadas o la herrería. Tampoco se familiarizaron con el mar y aprendieron a pescar sólo para sus propias necesidades. De esto podemos concluir que los guanches eran efectivamente un pueblo pacífico que sólo cuidaba de sus animales y cultivaba principalmente para sus propias necesidades".

Muchas personas se han agrupado a nuestro alrededor y aplauden a Jessica. Ella les da las gracias. Me siento llamado a ir más allá:

"Ahora llego a la cuestión apasionante: en la época de la erupción volcánica de 1706, había cinco iglesias cuatro monasterios varias casas señoriales ¡todas construidas en piedra! Y el Castillio del puerto también era de piedra. Pero los guanches no construían casas de piedra en aquella época. Como nómadas originarios de África, probablemente apenas conocían ninguna. Entonces, ¿quién construyó estas casas de piedra? Con 'quiénes' no me refiero a los constructores, sino a las personas que hicieron el trabajo de construcción".

Todos ponen cara de asombro y se callan. En medio de este silencio, el alcalde grita de repente:

"¡Ahí va el concejal José Pendela! Sus antepasados, todos ellos familias italianas, tienen una larga tradición en Garachico. ¿Por qué no le preguntamos?".
Entonces le saluda y le llama. Tras la habitual ronda de presentaciones, le dice a Josè:

"Estamos hablando de la historia de Garachico y de tus antepasados. Por favor, acompáñanos un momento".

"¿Mis antepasados?", pregunta asombrado, coge una silla del café y se sienta. Estoy a punto de repetir mi pregunta cuando veo que se acerca Alonso. Se dirige hacia nosotros. Le saludamos de nuevo.

"Le repito el tema", le digo: "En la época de la erupción volcánica de 1706, había una serie de nobles con nombres italianos, algunos Conde, es decir, condes Marquès o de Ponte, y algunos otros. Habían construido varias casas solariegas de piedra. Y dos iglesias, cinco monasterios y el Castillio del puerto, todo construido en piedra, pero no había ni hay casas guanches de piedra. Entonces, ¿quién construyó estas casas de piedra a mano?".

Alonso asiente con la cabeza. No espero su respuesta, sino que continúo:

"Casas de piedra significa transportar piedra tras piedra hasta aquí y apilarlas hasta la altura de la iglesia, pero no es tan fácil como parece. Hay que saber de estática, porque un muro apilado piedra sobre piedra simplemente se cae a una altura máxima de dos metros, dependiendo del terreno. Y para construir este tipo de tejados -cúpulas de iglesias y tejados de palacios- se necesitan conocimientos específicos de artesanía y construcción que los guanches probablemente no tenían. Y, por supuesto, conocimientos de técnicas de construcción. Así que pregunte de nuevo: ¿Quién construyó las casas de piedra?".

El alcalde responde con sinceridad:

"Nunca me he hecho esa pregunta".

Alonso dice con veneno:

"Claro que era de esperar. ¿Por qué no se lo preguntamos a los italianos? Vuestros antepasados robaron nuestra tierra y la ocuparon para siempre con casas de piedra. ¿Cómo las construyeron?".

José' Pendela estaba avergonzado. Por la expresión de su cara me doy cuenta de que entiende bien el alemán, pero es evidente que es introvertido y no habla bien. Dice despacio:

"Bueno, yo nací aquí y soy español. Mis antepasados por parte de madre eran italianos, es cierto. Y yo mismo me he preguntado por el predominio de los apellidos italianos aquí. Por desgracia, no sé nada de la construcción de entonces".

Pregunto además:

"Jessica, ¿tienes alguna sugerencia de tu libro de texto? ¿No?"

Don Carlos se encoge de hombros. Sonrío.

"Sólo hay una respuesta: ¡los esclavos! Para ser más precisos: los esclavos negros construyeron las casas aquí a mano. El puerto era un punto caliente para el comercio de esclavos. Los esclavos eran los peones que tenían que hacer el trabajo sucio. Quizás también eran marineros convalecientes o marginados. Sé por la construcción de iglesias en Alemania que en aquella época había algunos equipos de construcción especializados, es decir, profesionales de la construcción especializados en la construcción de iglesias, que viajaban de ciudad en ciudad para construir iglesias por una tarifa. En esta época también se construyeron magníficas iglesias en la península. Es de suponer que también se traía a estos artesanos y constructores y se utilizaban esclavos para transportar los materiales. Por supuesto, la Iglesia católica desempeñó un papel importante en todo esto, especialmente la Inquisición. Y las ricas familias de condes italianos. Estos fueron probablemente responsables de la financiación. ¿Qué me dice de eso, señor Pendela?"

"Yo no estaba allí en ese momento", responde, claramente despectivo.

"No, no estaba", dice don Carlos enfadado, "pero las grandes familias italianas adquirieron una riqueza inconmensurable en aquella época y todavía tenemos que hablar de ello. Y hoy siguen siendo grandes terratenientes. Un antepasado de De Ponte es considerado el fundador de la ciudad y su primer alcalde. Cómo ocurrió eso es un misterio para mí, porque entonces no había democracia, así que no había elecciones en ningún lugar del mundo occidental, sino un gobierno brutal. Era la época de los duques, reyes y emperadores de Mozart. Sin duda, simplemente se nombró a sí mismo como tal debido a su poder económico, presumiblemente con el apoyo de la Iglesia católica. Así debe constar en los libros: Se nombró a sí mismo alcalde. ¿O de qué otra forma llegó a ser alcalde entonces, señor alcalde?".

"Bueno, fui elegido, eso seguro. Entonces no había democracias, pero ¿quizá había otro tipo de elecciones? No lo sé".

"Tampoco puedo decir nada de eso", dice el señor Pendela en voz baja.

"Tampoco hay nada en mis archivos", dice Jessica.

"Creo que el despacho era simplemente una muestra del poder italiano de la época", dice don Carlos.

"Así es", se oye una voz femenina entre la multitud que nos rodea. Reconozco inmediatamente a Ana Martínez. Y una voz masculina familiar añade:

"No fueron los guanches sino los extranjeros quienes gobernaron Garachico durante siglos y así sigue siendo hoy".

Alonso, el ecologista y sucesor de los guanches, había vuelto y se había unido a la multitud. Y alguien más dijo:

"Sí, sigue siendo así hoy, y tenemos que hacer algo al respecto".

"¡Hola Rodríguez!", grita de repente el alcalde.

"Ven y únete a nosotros en el centro. Aquí tenemos una interesante discusión sobre Garachico".

"Y la erupción volcánica, de la que seguro que hablaremos pronto", digo. Un hombre robusto con una camiseta de colores, pantalones largos azules y poco pelo en la cabeza se abre paso entre la multitud hasta el alcalde. Se saludan con un apretón de manos y él nos presenta:

"El señor Rodríguez Ricardo es defensor del pueblo en el ayuntamiento, un hombre políticamente conservador e importante en la ciudad".

Todos asienten y toman nota. Entonces el alcalde nos presenta. Parece conocer a don Carlos porque sonríe al oír su nombre y le estrecha la mano enérgicamente.

"Volvamos a las casas señoriales y repito:" dice don Carlos en voz alta, enérgica y algo teatral. "El hecho de que estos edificios de piedra existieran entonces sugiere que los constructores y propietarios no eran guanches y, por lo tanto, no eran lugareños. En eso estoy de acuerdo. El puerto dio lugar a una mezcla de población multicultural de españoles, italianos, etcétera. Los antepasados de José también formaban parte de ella. Conocían y amaban las casas de piedra y las hicieron construir por los esclavos, de los que sin duda hablaremos con más detalle, según sus especificaciones, es decir, del mismo modo que conocían los palacios de su tierra natal. Los guanches participaron en el mejor de los casos como mano de obra, pero probablemente sobre todo como proveedores de alimentos."

"¡Es increíble cómo se ve a los habitantes de aquella época!" exclama asombrado el alcalde.
Jessica toma notas con entusiasmo.

"Sólo así tiene sentido", dice don Carlos pensativo. "La instalación más importante de Tenerife en aquella época era el puerto, un puerto comercial donde paraban los numerosos barcos mercantes que se dirigían de Europa a Sudamérica y viceversa para cargar alimentos frescos y agua potable o para recargar la carga. Eso dice la tradición".

"¿Recargar?", pregunto, "¿por qué dónde y por qué?".

Mis preguntas quedan ahogadas por la conversación general que ahora comienza, ya que todo el mundo parece tener algo que decir o preguntar sobre los comentarios de don Carlos. Hasta que el alcalde se reafirma vocalmente:

"En realidad, mi pausa para comer está a punto de terminar ahora" dice en voz alta sacando un smarthone de su bolsillo y haciendo una llamada telefónica. Luego dice:

"Todavía tengo un poco de tiempo antes de mi próxima cita".

"Bueno", dice don Carlos, "para entender el siguiente punto, la situación en el puerto y las consecuencias de la erupción volcánica, me gustaría resumir la situación en ese momento".

Hace una pausa retórica y prosigue:

"Los primeros habitantes, hoy llamados primeras naciones, fueron los guanches, que vivían en tiendas y cuevas, se ocupaban de la agricultura y la ganadería y creían en los dioses. Los pocos habitantes tenían suficiente espacio en la isla, pero junto con las mujeres se defendieron con éxito de los invasores extranjeros, sobre todo ingleses y portugueses. Durante mucho tiempo desapercibidos, los mercaderes italo-católicos, marginados en el tráfico marítimo internacional, se apoderaron de Garachico -y sólo de esta península y puerto-, que estaba convenientemente situada para ellos, e inmediatamente construyeron allí iglesias y monasterios para demostrar su poder católico según el lema: 'Manos fuera o la Inquisición os dará caza'."

"Y tenemos que revertir esta ocupación o anexión, como se dice hoy", interpuso el señor Ricardo. Don Carlos hizo un gesto de enfado con la mano.

"Ahora no se trata de eso", le dice don Carlos al alborotador, pero no se deja amilanar y continúa hablando:

"Pronto el puerto ya no era sólo para renovar alimentos y agua dulce, sino que los derechos de aduana españoles, es decir, los impuestos que se pagaban al rey, daban lugar a "transbordos" a otros barcos, es decir, a la malversación de oro, plata, piedras preciosas, esclavos, etc., y se convirtieron en el principal negocio del puerto ...."

"Así que, queridos míos", interrumpe el alcalde y se levanta, "tenéis temas interesantes, pero desgraciadamente mi oficina me llama. Tengo que irme. Estaréis aquí un rato, ¿no? Volveré de todos modos".

"Iré contigo" dice Josè, levantándose inmediatamente y claramente contento de evitar más preguntas incómodas.

"Hora de la siesta", dice don Carlos y señala su reloj de oro.

"Sugiero", digo mirando a don Carlos, "que continuemos nuestra conversación dentro de dos horas abajo, en el antiguo almacén, o mejor dicho, en la plaza con bancos recién diseñada. Allí podremos sentarnos a nuestras anchas. ¿Digamos a las catorce?".

"De acuerdo".

Todos asienten. Nos dispersamos en distintas direcciones. El grupo se dispersa.

- 6 -
Ana Martínez

No pienso en comer ni en dormir, sino en Ana. Por fuera estoy paseando como un turista, pero en realidad estoy caminando decididamente hacia el centro de la ciudad, buscando una tienda de moda lo más discretamente posible. Y entonces veo una muy bonita: tenía que ser esa. Y efectivamente. La veo saludando en la tienda. Me devuelve el saludo y señala un cartel en la puerta. Luego, de repente, desaparece como de la faz de la tierra. Efectivamente, en la puerta de la tienda hay un cartel que dice "cerrado". Decepcionado, me doy la vuelta y, de repente, ella se para detrás de mí y se ríe.

"¡Buen truco!"

"Y yo que ya estaba pensando... ", me interrumpo y digo en voz baja:

"Me gustaría invitarte a comer y hablarte de Garachico".

"Desgraciadamente, no, no soy muy adecuado como folleto informativo. Mis clientes agradecen mi taciturnidad para evitar más cotilleos".

Veo que se me va el pellejo, como se suele decir, y vuelvo a intentarlo:

"No te preocupes, no quiero interrogarte, sólo una charla informal estaría bien y todo queda estrictamente entre nosotros".

Se ríe de nuevo y espero que la oferta la halague un poco.

"De acuerdo", contesta, "pero nada de comer. Hay un bar de tapas más arriba y podríamos tomar unas tapas allí".

Ahí lo tienes" pienso y digo:

"Oh, estoy de acuerdo, es genial".

Cuando llegamos al restaurante, lo están arreglando, es la hora de la siesta. Tras el saludo de rigor, Ana dice rápidamente unas palabras en español que no entiendo. La camarera también contesta muy rápido y Ana me dice:

"Dice que en realidad no queda nada para comer a estas horas, pero que aún podemos tomar unas tapas frías".

"Si estás de acuerdo, yo también".

Pedimos cada uno una bebida sin alcohol. Al cabo de unos minutos llega la camarera con las tapas y la cuenta, que me entrega. Pago, miro la cara bonita de Ana y pregunto:

"Dígame, por favor: ¿cómo es que una mujer tan joven y educada como usted tiene una tienda de moda de lujo en un lugar tan pequeño como Garachico?".

Ella me mira con sus grandes ojos negros y dice:

"Ya te habrás dado cuenta de que aquí hay todo un clan de aristócratas con raíces italianas y españolas".

"Sí, eso no se puede pasar por alto".

"Y tanto a los italianos como a los españoles les encanta vestir de forma elegante y chic. ¿Y dónde más que aquí, en Garachico, se puede gastar mucho dinero? ¿Y también invertir en ropa chic? Allá tú. Y luego vas a un evento, normalmente al Puerto de la Cruz o a la capital, con un coche grande y un traje nuevo".

"Una mujer también podría ir de compras allí".

"Sí, seguro que lo hace, pero conmigo es más íntimo y personal y esa es también mi gran ventaja. Y soy tan reservado como la tumba. Así que nada de detalles".
Y así seguimos charlando, comiendo y bebiendo y yo me olvido del reloj. Pero de repente lo recuerdo y me levanto de un salto y digo:

"Qué pena, tengo que irme".
Me pongo en pie de un salto y ella también se levanta.

"¿Habéis quedado otra vez?"

"Sí, en la plaza junto al viejo almacén".
Me abraza espontáneamente y susurra:

"Hasta la vista".
Le doy un sonoro beso en la mejilla (que probablemente se oyó en todo Garachico).

"Hasta la vista. Pero mañana vuelo de vuelta".

- 7 -
Barcos y piratas

Soy el primero en llegar a la plaza. Antes era un aparcamiento gratuito. Hoy es una plaza pública pavimentada con bancos de madera y un toldo. A un lado está el antiguo edificio de almacenes, el muro con la inscripción "Garachico y porto" y enfrente una magnífica vista del viejo puerto y el mar.

Josè Pendela, el concejal local de raíces italianas, se acerca con pasos largos pero no frenéticos. Lleva un elegante y discreto traje azul y gris de un modisto italiano. Nos saludamos casi cordialmente, aunque nos hayamos visto por primera vez hace sólo unas horas. Jessica llega después de él e iniciamos una charla informal cuando la persona más importante, el profesor, llega por fin tras el infame "cuarto de hora académico" de retraso. Nos saluda con indiferencia, casi fugazmente.

"¿Sólo quedamos tres?", pregunta brevemente.

"Ya llegarán los demás", le digo.

Tomamos asiento.

"Cuando se habla de un puerto", empiezo, abriendo la conversación, "también hay que hablar de barcos y piratas de la época".

"Sí, absolutamente" dice don Carlos "eso es importante para entender la situación del puerto de Garachico en aquella época. Por lo que yo sé, la navegación se desarrolló espectacularmente a partir del siglo XVI por tres razones. En primer lugar, los artesanos de Sevilla, por ejemplo, habían aprendido a construir grandes veleros aptos para la navegación. En segundo lugar, había sed de aventura para hacerse a la mar en un barco de este tipo para explorar el mundo y, en tercer lugar, estos barcos con tres velas llamados galeones eran el medio de transporte más rápido de la época, aunque se tardara meses en navegar a Sudamérica y volver, por ejemplo".

Reconozco a dos hombres que caminan apresuradamente en nuestra dirección desde el arcén. Uno es el alcalde, algo corpulento, y su acompañante es Rodríguez Ricardo, el representante del alcalde, un hombre delgado, de aspecto enjuto y con poco pelo en la cabeza.
El alcalde parece haberse quedado un poco sin aliento, se toma un pequeño respiro y nos saluda alegremente.

"¿Habéis empezado ya la secuela?".

"La verdad es que no", le digo, "sólo decía que cuando se habla del puerto de Garachico, también hay que hablar de barcos y piratas. Pertenecen a esta época".

"Sí, es cierto".
Don Carlos asiente y continúa:

"Palabra clave: Sevilla. La mencionada primera autoridad marítima, la Casa de Contratación, fue fundada por decreto de los reyes católicos. Expedía licencias a los capitanes, actualizaba las cartas náuticas y elaboraba listas de importación y exportación de los barcos para cobrar impuestos sobre las mercancías."

"Estos impuestos, pero sobre todo el privilegio real sobre las mercancías, eran sin duda la razón del contrabando y la piratería", interrumpo.

"¿Puedo decir algo?", pregunta Jessica y continúa:

Fue la época de la búsqueda de "El Dorado", la tierra o zona de oro envuelta en misterio y leyenda que alimentó la codicia de los poderosos, incluidos los conquistadores, por el supuesto gigantesco tesoro del Imperio Inca y, de hecho, se encontró mucho oro y plata que se cargó en barcos que transportaban estas riquezas a Sevilla.

Esto, a su vez, incitó a los piratas a atacar estos barcos y robar su cargamento. Una cosa siguió a la otra. Por ello, los barcos españoles pronto se organizaron en flotas y se acompañaron de buques de guerra: se formaron las llamadas "flotas de la plata". Dos flotas zarparon de Sevilla rumbo a Cuba. Aprovechaban las corrientes marinas y los vientos alisios. No se sabe, pero probablemente pasaron por Tenerife, que habían conquistado, y también se detuvieron en Garachico para reponer víveres y, sobre todo, agua dulce".

"Para los españoles, de aquí a Sevilla sólo había unos días", dice Josè Pendela.

Es cierto, creo, pero también hay otras razones para detenerse.

"Aquella era una época bélica", dice el alcalde, "que yo sepa, muchas naciones luchaban entre sí por la supremacía en el mar".

"Sí, así es", continúa don Carlos, "los portugueses también tenían muchos veleros que aprovechaban también las corrientes marinas y los vientos alisios desde Lisboa para navegar a lo largo de África rodeando el Cabo de África hasta la India y de allí a Filipinas y vuelta". De los aproximadamente cinco mil marineros que había sólo en los barcos españoles, unos mil procedían de otros países marítimos como Portugal, Italia, Grecia y Alemania. Inglaterra, Francia, Portugal y España eran alternativamente países en guerra. Gracias a la organización militar de una flota armada, los barcos españoles estaban bien protegidos tanto de los países beligerantes como de los piratas."

"Buenas tardes Abad Benedicto", le llama de repente el alcalde e interrumpe.

"¿Por qué no viene a hablarnos de Garachico, de la erupción volcánica de 1706 y del puerto?", continúa en alemán.

El hombre en cuestión no lleva levita, sino que va vestido con vaqueros negros y camiseta, tiene el pelo blanco enmarañado y da una impresión superespiritual.

"En realidad soy reservado y por eso no llevo vestido", dice el hombre, al que el alcalde presenta como "Abad Benedikt". Pero la ropa no es un problema.

"Ahora sabemos un poco de la situación de entonces", vuelvo a iniciar la conversación, "pero antes de llegar a los piratas, deberíamos hablar de la situación de los marineros, porque eso también podría permitirnos sacar conclusiones sobre la situación durante la erupción volcánica".

"Sí, de acuerdo. En general", dice don Carlos, "contrariamente a la creencia popular, la vida de los marineros era la más baja y despectiva socialmente imaginable: la escoria de la tierra. Castigos, malos tratos, incluso mutilaciones, enfermedades, la peor comida y peleas entre ellos estaban a la orden del día. La vida real de los marineros no tenía nada que ver con el romanticismo de Robinso Crusoe y la isla. Los marineros pendencieros también eran abandonados en islas vacías, sin comida ni agua, con el objetivo de morir allí. También estaban expuestos a los caprichos del capitán y sus oficiales, que a menudo los castigaban sin piedad. En cualquier caso, la tripulación era mayoritariamente multicultural porque en los puertos merodeaban las llamadas bandas de la prensa y los tipos dudosos, las llamadas sleepbaas, para secuestrar a quien pudieran por una cantidad de dinero, no sólo españoles sino también portugueses, italianos, alemanes, griegos y holandeses, porque debido al gran número de barcos había escasez de personal."

"Y a los marineros se les pagaba poco o nada. Recibir palizas por el más mínimo motivo, comer mal, vivir hacinados y apenas poder comunicarse debido al multiculturalismo, estar permanentemente expuestos a las inclemencias del tiempo... esa era la verdadera rutina diaria."

"Poder dormir en una hamaca era lo mejor que podías tener como marinero", dice de repente por detrás el señor Alonso, al que todos saludan simultáneamente con un gesto de la mano. Y continúa:

"Sobre todo cuando los barcos volvían del Caribe, es decir, que ya llevaban medio año navegando, la carne podrida y el agua verde eran la norma. La carne empezaba a fermentar y reventaba los barriles de madera, de modo que la carne podrida, que olía a cadáver, salpicaba El agua para beber era verde por las algas y las alimañas, es decir, escarabajos, gusanos, lombrices, moho, etc., se multiplicaban de forma explosiva. Por lo tanto, era obvio que a los españoles en particular, y por supuesto a los demás marineros, les encantaba abastecerse de agua fresca y alimentos frescos para el resto del tiempo en Tenerife.

También hay que tener en cuenta que en un barco mercante normal había una media de cien a ciento veinte personas a bordo, es decir, en un espacio de unos ciento veinte a ciento cuarenta metros cuadrados en tres niveles, que a menudo o normalmente también estaban llenos de mercancías y cuerdas. Afortunados eran los que tenían su propia hamaca y podían tumbarse estirados encima de todo. No había retrete ni, por supuesto, cuarto de baño: nada de intimidad. ¿Le doy más detalles?".

Hace una pausa. Don Carlos le agradece sus explicaciones y luego dice:

"No eran sólo los españoles, creo que todos los que pasaban por aquí tenían urgencias de restauración. Eso explica también por qué Garachico, al parecer, no fue atacado y sobre todo no fue destruido durante las guerras hispano-franco-inglesas de la época, porque Garachico tenía lo que todo el mundo necesitaba y lo que se necesita no se destruye."

"No olvidar: la Iglesia católica local. Nadie quería enemistarse con el clero", añade el alcalde, "¿verdad, abad Benedicto?".

Echa la cabeza hacia atrás, mira hacia arriba y dice:

"Ya lo decía Séneca: qué es la naturaleza sino Dios y la razón divina inherente a todo el universo y sus partes... "

"Por supuesto, abad Benedicto", le interrumpe Ricardo Rodríguez en tono amable.

"La mencionada vida inhumana y antihigiénica a bordo provocó naturalmente diversas enfermedades como la malaria, la fiebre amarilla, el escorbuto, la disentería, la sífilis, etcétera, así como fracturas de huesos y quemaduras por el sol ardiente. Y no había médicos ni medicamentos como los que conocemos hoy en día", dice el señor Alonso con toda naturalidad, añadiendo:

"E, inevitablemente, había peleas entre ellos casi todos los días".

"Te lo puedes imaginar" confirma Don Carlo "Oro, plata y otros objetos de valor a bordo e incluso como marinero tenías que trabajar hasta caer rendido en condiciones inhumanas con poca o ninguna paga. Así que no es de extrañar que los marineros se enfurecieran y pensaran en servirse ellos mismos de la carga o simplemente robar todo el cargamento del barco y vivir una vida libre. De todos modos, la deserción era una de las pocas formas de escapar a los castigos de los brutales capitanes y oficiales."

El abad Benedicto levantó las manos implorante y dijo:

"Como escribió Séneca, el filósofo romano, hace dos mil años: la muerte es la liberación de todo dolor y el cese completo; más allá de ella no van nuestros sufrimientos; nos devuelve al estado de reposo en el que estábamos antes de nacer."

Todos se miran y se preguntan cómo encaja esta afirmación en el tema.

"Así que pasemos a los piratas. La imagen más común", dice el alcalde, "es la bandera negra con la calavera y las tibias cruzadas que se llamaba 'Jolly Roger'. Durante el ataque, también se izaba una bandera roja para hacer saber desde lejos al barco enemigo que se trataba de una cuestión de vida o muerte y que no se debía ofrecer resistencia."

"Muy bien, señor alcalde", dice don Carlos con un tono ligeramente irónico.

"El tópico sobre los piratas", dice la estudiante Jessica, "es: aventura y sexo en soleadas islas tropicales de los Mares del Sur, cofres del tesoro llenos de oro, plata y piedras preciosas, montones de botellas y barriles de ron, un loro al hombro, un parche en el ojo y una pata de palo."

Todos se ríen.

"Una gran vida con mujeres casi desnudas, así es como un hombre se imagina la vida de un pirata", dice José Pendela riendo.

"Una imagen romántica", digo yo. "Aunque los piratas eran brutales y capturaban barcos y cargamentos enteros, la fortuna robada se les deshacía entre las manos porque se lo bebían todo en el puerto, en tabernas, bares y burdeles, porque solía ser el único cambio positivo de la monótona vida cotidiana en el barco y de la información sobre lo que ocurría "en el campo"".

"Y ciertamente había todo eso y más en el puerto de Garachico", dice Jessica.

"Excepto uno", dice de repente el abad Benedicto con naturalidad.

"Uno que se hizo muy rico pero no 'dio con su fortuna en la cabeza'. Nació aquí, en la isla de Tenerife, y compró muchas tierras, pero también donó muchas cosas valiosas a la iglesia y a los monasterios. Me refiero a Amaro".

"Así es", dice Jessica y lee en su libro de texto:

"Uno de los piratas que más se distinguió fue el tinerfeño Kosar Amaro Roderiguez Felipe y Tejera Machado, bautizado el 3 de mayo de 1678 y afincado en Tenerife, conocido como Amaro Pargo. En su juventud ya navegaba en barcos y finalmente, debido a circunstancias favorables, le dieron uno con el que comenzó sus viajes de comercio y piratería. Comerciaba con vino y licores de sus propias destilerías".

"El licor siempre ha tenido demanda", dice Rodríguez Ricardo.

"Amaro Pargo acabó robando nueve barcos en su vida posterior, ocho de ellos", añade el señor Alonso, "uno de ellos, la galera 'El Clavel', se dice que iba armada con veinticuatro cañones. Eso impresiona. "

"Era famoso por sus brutales asaltos a barcos ingleses y holandeses", dice el alcalde.

"Poseía sesenta casas y novecientas parcelas en Tenerife pero no tuvo herederos" añade el señor Alonso "probablemente un hijo ilegítimo porque no estaba casado. Entre sus hermanos había tres monjas. Mandó construir varias iglesias y dio dinero a instituciones sociales de la iglesia."

"Por acabar ahogando o ahorcando a todos los enemigos de la majestad católico-española, recibió varios títulos nobiliarios", dice Carla López.

"Y no en vano, gracias al tráfico de esclavos, se hizo increíblemente rico", añade don Carlos.

"El comercio de esclavos era la forma más lucrativa de hacerse rico en aquella época", añado yo. "Ya hablaremos de eso más adelante".

- 8 -
El Castillo de San Miguel

"Sigamos hasta el Castillo. Seguidme", grita el profesor y todos le siguen. Camina calle abajo, pasa por delante del viejo almacén y, tras la curva, la vista a la izquierda se abre hacia el viejo Castillo.

Esta calle, la avenida República Venecia, es la vía más transitada de Gerachico, así que nuestro encuentro ya no es un secreto. De hecho, la policía local pasa a nuestro lado muy despacio, mirándonos a cada uno de nosotros de forma disimulada y llamativa. Y nos sigue una mujer que el alcalde nos presentará más tarde como Marta Gómez, de la oficina de turismo.

Don Carlos se detiene frente al Castillo y mira hacia arriba. Sobre la puerta de entrada se ve el escudo de armas de la corona española de la isla de Tenerife y de varias familias nobles. El Castillo es un museo desde hace varios años y exhibe una colección de conchas, caracoles y minerales. Voy a la taquilla y pago la entrada para todos. Nos admiten y subimos las escaleras hasta la azotea. Allí hay un viejo cañón que no se puede pasar por alto.

Disfrutamos brevemente de la vista del mar y la bahía. Don Carlos comienza a pronunciar un discurso, pero es interrumpido. Mientras tanto, la ya mencionada mujer bien vestida con falda azul, blusa blanca y pelo negro de unos cuarenta años se ha "colado" en el grupo.

"Buenas tardes señora Gómez", la saluda el alcalde.

"Buenas tardes señores", respondió ella, obviando a las mujeres, "¿está hablando del puerto viejo?".

"¿Cómo sabe dónde estoy?", se enfadó el alcalde y se volvió hacia nosotros:

"Es mi jefa de marketing".

Y se volvió hacia ella:

"Usted conoce a estos señores. Y a este señor ....", me señala.

"Soy Pedro", le digo, "un autor de libros de Alemania que está interesado en Garachico y sobre todo en la erupción volcánica de entonces".

"Ah ja" dice y continúa "¿qué tiene de interesante el viejo puerto?".

Entonces se sienta en el viejo cañón.

"Allí se podían amarrar barcos", digo al grupo y señalo el viejo puerto.

"¡No, no!", grita inmediatamente el alcalde, "el viejo puerto es ahora completamente inutilizable para los barcos debido a la erupción volcánica de 1706. Hemos construido un nuevo puerto pequeño al norte", señala en la dirección adecuada, "para barcos privados más pequeños. Y hemos habilitado la bahía del antiguo puerto para el baño. La lava del volcán yace a varios metros de altura en el lecho marino. Ya se ha buscado aquí el oro y la plata de los barcos hundidos, pero no se ha encontrado nada".

"Encontrar los barcos y sobre todo el oro y la plata tampoco será tan fácil", dice José' Pendela. Los demás están de acuerdo con él.

Ahora es la oportunidad que el profesor ha estado esperando. Se pone de pie frente al grupo, extiende las manos sobre el pecho en dirección sur-norte y dice:

"Aquí, a la izquierda del mar, es decir, desde el sur, llegaron los barcos; mejor dicho, el guardia del castillo los vio desde aquí. Ya vienen" debió de decirse a sí mismo, se acercó al cañón en el que usted está sentada ahora, querida señora Gómez (risa general) y disparó un tiro como señal para todos los mercaderes. Eso fue todo. Y aquí delante, en un arco que llegaba hasta la bahía y mucho más allá de lo que se puede ver hoy, debía de estar el muelle. Un muelle es básicamente un muro con una zona pavimentada donde los barcos pueden amarrar. En la zona pavimentada se almacenaban mercancías de todo tipo para cargarlas en los barcos y viceversa. Hace falta un poco de imaginación porque es difícil visualizar cómo era antes".

"Basta con leer a Séneca", dice el abad Benedikt y continúa: "La vida se divide en tres periodos: presente, pasado y futuro. El presente consiste sólo en días individuales e incluso éstos sólo en momentos. Los días del pasado, sin embargo, estarán a disposición de tu memoria tantas veces como quieras, y podrás mirarlos y aferrarte a ellos."

"Bien, pero ¿cómo debemos visualizar la situación del muelle en aquella época? Antes de la erupción de 1706", pregunto y don Carlos responde:

"Aquí debió de haber un muelle grande o bastante largo para poder abastecer a los cuarenta barcos que estaban anclados aquí. Así que desde aquí hasta Castillio debía de haber un trecho muy largo. El corto tramo actual hasta la carretera es demasiado corto para tener alguna importancia económica como puerto. Además: en el plano de Garachico es fácil imaginar que todo este tramo de tierra (se extendía en un amplio arco) es una nueva zona creada por la lava, igual que frente a San Pedro.
Y por allí, desde la antigua puerta de la ciudad, que está más abajo y por la que la población rural entraba en la ciudad y desde luego tenía que pagar una entrada, sólo había una corta distancia hasta el muelle."

Jessica saca de su bolso un mapa de Garachico y del puerto, lo despliega y se lo tiende a don Carlos.

"Por favor, profesor, enséñeme cómo se puede imaginar la extensión del puerto en aquella época".

"Ah, sí", dice la señora Gómez, levantándose del cañón y uniéndose a él.

"Con mucho gusto".
Don Carlos abre el mapa, saca un bolígrafo y traza una línea desde la torre en la que nos encontramos en línea recta hasta más o menos la altura de la puerta de la ciudad y luego una amplia curva a la derecha en la ladera actual.

"¿Y todo lo que hay a la derecha de la línea", dicen casi simultáneamente la señora López y Jessica, "era tierra portuaria? Fijaos".

Todos se apiñan alrededor del mapa y apenas pueden creerlo.

"El puerto era increíblemente grande" digo yo "sí, si, como cuenta la leyenda, anclaban allí hasta cuarenta veleros que abastecían a .... "

"¿Qué me dice a eso, señor alcalde?", pregunta Paula Costa, de la oficina de turismo.

"Me he quedado sin palabras ahora que me doy cuenta de la importancia del puerto".

"Yo tampoco lo sabía", admite la señora López.

"Si miras el vídeo de la erupción volcánica en La Palma en 2021, cuando la lava fluyó hacia el mar, entonces creo que básicamente puedes trasladar esto al volcán de aquí. Esto significa que un enorme campo de lava se extendió por todo el ancho del pueblo hasta San Pedro, cubriendo la zona en ese momento, es decir, hacia el pueblo de Garachico por un lado y hacia el mar por el otro, con consecuencias difíciles de explicar", dice un pensativo Don Carlos.

"¿Por qué no se ha divulgado todavía? Seguramente los niños deberían aprender esto en la escuela. ¿Por qué no toma nota, señor Ricardo, para su próximo pleno municipal?", se entusiasma el periodista.

"Y tú, Paula, haz el favor de prever un nuevo mapa de Garachico".

"Sí, deberíamos: tenemos que volver a centrarnos más en el pasado", dice el alcalde.

"Absolutamente", responde don Carlos, "hay que ocuparse urgentemente de todo el pasado".

"Pero no como usted piensa", replica Rodrigez Ricardo.

"Necesito desahogarme", digo yo, "y volver a lo que ya he dicho: Esta torre en la que estamos no tiene otras fortificaciones. Seguro que a los europeos les parece totalmente exagerado llamarla "fortaleza". Después de todo, sabemos todo sobre castillos y fortalezas. Pero se trata de un edificio cuadrado, una torre de vigilancia con tejado plano y un cañón. Una clara señal de que no se construyó para combatir, porque ¿se construye una fortaleza, como suele llamarse cuando se ve desde el mar (señalo al otro lado), detrás de una gran roca, el Roque de Garachico, que dificultaría la defensa? Un buque de guerra enemigo podría acercarse sigilosamente a la sombra de la roca y sorprender a los defensores. Un típico buque de guerra inglés, por ejemplo, habría destruido la "fortaleza" de un solo cañonazo. Pero al parecer esto nunca ocurrió, a pesar de varios siglos de navegación".

"Sin duda, el cañón sólo se utilizaba para disparar un tiro cada vez que había barcos a la vista para informar a la ciudad y a la región de que llegaban nuevos navíos. Así que todos los mercaderes que tenían algo que vender se dirigían al puerto", dice don Carlos, "y probablemente no había necesidad de guerra."

"Sí, eso es convincente", dice el alcalde.

"No hay constancia del muelle en sí, pero en aquella época había muchos puertos con muelles en Europa y la situación del puerto de Garachico debía de ser parecida", dice don Carlos, haciendo una pausa antes de continuar:

"Las masas de lava que crearon una nueva zona similar a La Palma tuvieron, naturalmente, un dramático efecto negativo: el puerto se hizo mucho más pequeño tal y como se ve hoy en día porque las masas de lava de la erupción lo hicieron mucho más pequeño. Estimo que probablemente era hasta diez veces más grande de lo que es hoy. Pero habría que investigarlo de nuevo. Ahora bajemos al aparcamiento grande".

- 9 -
La erupción volcánica

Salimos del Castillo y volvemos por el mismo camino hasta el aparcamiento público. Mientras caminamos, el grupo entra en conversaciones individuales y llamadas telefónicas hasta que el alcalde grita al otro lado de la carretera:

"¡Marta estamos aquí!"

"Oh aquí estáis en grupo" nos llama por encima de los avestruces y nos dice:

"Después de que no regresaras de tu pequeño recado incluso después de horas estaba preocupada por ti. Una mujer me dijo que estabas caminando con un grupo hacia el aparcamiento. Tengo que preguntarte algo".

"Sí, lo siento, no había pensado en eso".
Es una mujer más joven, con el pelo rubio y una sonrisa encantadora. El alcalde la presenta:

"Marta Lucía Martínez, empleada de la asociación de marketing".
Y a cambio, nos presenta a nosotros. Don Carlos también la conoce y se involucra:

"Llegas justo a tiempo. Este es don Pedro, un autor de libros de Alemania que está especialmente interesado en la erupción volcánica de 1706 y de eso estamos hablando ahora. Como te decía, llegas justo a tiempo porque vamos a hablar de cómo se produjo realmente la erupción volcánica y cuáles fueron sus consecuencias."

"¿De 1706? Hace más de trescientos años, me temo que no puedo aportar mucho".

"Yo y todos pensamos lo mismo, pero para eso estamos aquí, para obtener nuevos conocimientos", dice el alcalde.

"Ojo", digo yo, "ninguno de nosotros nació hace trescientos años y a menudo pensamos que la gente del pasado era 'primitiva' o más tonta, pero eso es un error. La gente de entonces era tan inteligente como la de ahora, sólo que hoy tenemos mucha más información, casi demasiada, que la tecnología ha permitido aumentar. Pero recuerda: la inteligencia, pero sobre todo el conocimiento, no se hereda. Todo niño pequeño empieza de cero. Así que permíteme que te lo recuerde de nuevo, Jessica: la gente de entonces era tan inteligente como nosotros hoy. Eso significa que no debemos tomar por tontos a los marineros guanches y a todos los que vivían entonces cuando pensamos en ello."

"Silencio", dice don Carlos y adopta una postura.

"Vayamos al tema central de la erupción volcánica del 5 de mayo de 1706, que tuvo una especie de preludio, a saber, un año antes, en 1705, entró en erupción el volcán de Arafo, un poco más lejos de aquí, que estuvo activo durante cincuenta y cuatro días y devastó el paisaje, que todavía hoy se puede contemplar. Con anterioridad debió de haber terremotos igualmente fuertes que sacudieron edificios y provocaron espeluznantes ruidos subterráneos, pero quizás la gente no supo interpretar estas señales en su momento porque no reconocía las señales de una erupción volcánica inminente. Probablemente ocurrió lo mismo en Garchico. Como se acaba de decir, la gente no tenía información sobre volcanes y, por lo tanto, probablemente no sabían que había un volcán sobre ellos, el volcán Trevejo, porque nunca había entrado en erupción en su vida. Y vamos todos a mirar hacia arriba".

Don Carlos estira una mano hacia arriba.

"¿Veis el volcán de ahí arriba?". Señala con la mano hacia arriba y en dirección oeste.

"¡No!", respondemos a coro.

El profesor se ríe en voz baja, sabiendo muy bien que desde aquí abajo no se ve.

"Tampoco se ve desde aquí abajo, porque hay un borde de ruptura, el llamado cantil, que atraviesa la cima. Aquí es donde probablemente se acumuló la masa de lava y fluyó primero transversalmente antes de precipitarse hacia abajo en siete corrientes. Es de suponer que poco de este infierno pudo verse en la ciudad y el puerto hasta que fue demasiado tarde".

De repente, del volcán descienden pesadas nubes negras, todo el mundo mira hacia arriba y yo interpreto psicológicamente las densas nubes como una señal del volcán de que estamos hablando de él. El puerto se oscurece mientras el viento alisio empuja constantemente más nubes hacia el interior. Se está poniendo espeluznante.

Estoy a punto de decir que deberíamos haber visto la eyección del volcán a kilómetros de altura, pero el profesor me tiende la mano, indicándome que no diga nada todavía. Luego continúa lentamente:

"En la noche del 4 de mayo de 1706 se sintieron varios terremotos muy fuertes que sobresaltaron a la población y hacia las tres y media de la madrugada del 5 de mayo, más bien de noche, se produjo un fuerte temblor que provocó la apertura de una fisura volcánica de unos 900 metros en la zona conocida como Trevejo a 1300 metros sobre el nivel del mar. El volcán de Arenas Negras, o de Trevejo como también se le conoce, entró en erupción con un gran estruendo seguido de lava al rojo vivo. Como acabamos de reconocer, casi nadie vio la erupción en sí porque la gente aún no se había levantado. Todavía no se había inventado la fotografía, pero creo que hoy se puede entender fácilmente la catástrofe de la erupción del volcán de La Palma.

Comenzó ciertamente con el estruendo ensordecedor de una explosión y una nube piroclástica, mezcla de gas venenoso, humo y piedras de diferentes tamaños, salió disparada hacia arriba a lo largo de kilómetros, volvió a caer y se abrió paso hasta Garachico. La dramaturgia siguió su curso.

La alta presión del aire probablemente rompió los cristales de las ventanas de los edificios y éstos se desplomaron. Se cubrieron tejados, se derribaron medios de transporte y se produjeron muchos daños porque el volcán está a sólo 66 kilómetros de aquí. Algunas personas que se encontraban en las casas y en los barcos probablemente sufrieron la rotura de sus pulmones por la altísima presión del aire de la explosión y murieron en el acto. Los que no fueron alcanzados por la presión del aire se asfixiaron inmediatamente por el gas tóxico y el humo. Esto es sólo el preludio. Luego hablaré de la gente del puerto".

El profesor está luchando visiblemente con las palabras durante esta conferencia porque un drama tan terrible no le deja indiferente y a nosotros tampoco. A todos se les humedecen los ojos y Jessica empieza a llorar.
Don Carlos se vuelve hacia un lado y refunfuña más para sí:
"Esta catástrofe hay que tratarla, hay que investigar y analizar los hechos como en Pompeya, no se puede esconder debajo de la alfombra".

Cuando pienso en Pompeya, me vienen a la cabeza algunos informes según los cuales durante la erupción hubo que retirar cantidades increíbles de material volcánico para llegar hasta los muertos y los edificios, porque en Pompeya "llovió" desde arriba durante la erupción, sobre todo piedra pómez, unos tres metros de altura al día, de modo que la zona quedó cubierta por una capa cada vez más gruesa de lapilli, comparable a la de La Palma. Este no parece haber sido el caso aquí en Garchico a esta escala. Por tanto, es probable que se tratara de una erupción de las denominadas efusivas, en la que emergió principalmente lava, pero no tanta ceniza y piedra pómez. La erupción de Garachico es, por tanto, muy similar a la de La Palma.

Nos encontramos en el aparcamiento envueltos en espesas nubes. Se produce una situación inquietante y una pausa en la conversación. Todo el mundo tiene que asimilar lo que se ha dicho.

- 10 -
En el puerto en 1706

Al cabo de un rato, reanudo la conversación vacilante:

"Donde estamos ahora, habríamos estado en un galeón, un velero de tres mástiles anclado en el muelle. Seguramente habría otros galeones junto a nosotros. Y allí, detrás de las hileras de casas, el muelle discurriría a lo largo y las actuales hileras de casas estarían retranqueadas un ancho de calle. ¿Puede seguirme? Me imagino la situación de entonces así: Desde el Castillo había un amplio muelle, es decir, una amplia zona de carga y descarga en la que los comerciantes y guanches apilaban sus mercancías para la venta, por ejemplo, barriles del famoso vino dulce local Malvasí, que tenía una gran demanda, u otros barriles de vino, así como barriles de agua dulce, grandes pilas de caña de azúcar y sacos de azúcar, y luego, ciertamente, un mercado de agricultores abastecido por los guanches para la venta de plátanos, patatas, verduras, carne, animales vivos y todo lo necesario para la vida, como la ropa. ¿O qué le parece, señor Alonso?".

"¡Eso es muy interesante!", intervino Jessica, "¡un mercado de agricultores! Prácticamente como hoy".

"En principio, eso es probablemente correcto", dijo el hombre en cuestión, "el agua dulce estaba sin duda en la parte superior de la lista de la compra porque los barcos ya habían estado viajando durante meses y, como ya he dicho, el agua en el barco estaba cargada de algas y correspondientemente mala. Y en el mercado de los agricultores de mis antepasados, la fruta, las verduras, sobre todo las patatas, pero también las cabras, los conejos y las gallinas vivas que se podían llevar en el barco debían de ser apetecibles si los marineros podían pagar bien con monedas de oro y plata u ofrecer objetos de cambio."

Jessica anota todo con entusiasmo y finalmente dice:

"También debía de haber un mercado de vinos porque se dice que hubo un motín en el almacén de vinos en 1666 (enfatiza esas tres últimas palabras)".

"¿Y cómo se realizaban en la vida real estas transacciones en el muelle? "pregunté dirigiéndome al señor Alonso. Respondió inmediatamente:

"Pues cuando aparecían barcos en el horizonte, el capitán del puerto hacía un disparo que supongo que se oía hasta en Icod de los Vinos y los guanches y comerciantes de la comarca lo sabían. Transmitían esta información y se apresuraban al puerto de Garachico con sus mercancías para ponerlas a la venta. La rueda aún no existía en la isla, pero sí los camellos y, desde luego, las mulas, tal vez en equipo. Se cargaban los animales o se transportaban las mercancías y se hacían rodar los barriles. También había varias cuevas a lo largo de la costa que sin duda podían servir de almacén temporal. Las cuevas eran prácticas porque podían llenarse continuamente durante todo el año y, cuando llegaban los barcos, las mercancías estaban listas para recorrer el resto del camino hasta el puerto. Imagínate: A la izquierda del castillo -señala hacia la izquierda- empezaba el muelle, es decir, la zona de carga y venta. Supongamos: Azúcar en sacos junto a barriles de vino junto a barriles de agua detrás de ellos en segunda fila, sin olvidar cajas de lingotes o monedas de oro y plata junto al agua, un mercado de agricultores, es decir, cestas de plátanos, verduras y patatas, seguido del mercado de esclavos con cientos de esclavos y esclavas, en su mayoría negros."

"Así que había un comercio serio, por ejemplo la venta de alimentos, agua dulce y productos agrícolas de todo tipo", dice el alcalde con peso.

Creo que utiliza la palabra "respetable". Así que sí sabe más de lo que dice.

"El comercio de alimentos es comprensible, a saber, para abastecerse de productos frescos para el largo viaje", dice el periodista López.

Pero Jessica pregunta sin pensárselo dos veces:

"¿Reputado? ¿Hubo tratos dudosos?".

El profesor Don Carlos se ríe a carcajadas. El alcalde y los demás permanecen en silencio. Es evidente que todos sienten curiosidad por lo que viene a continuación.

"¡Claro que mucho!", exclama don Carlos, "¡esa debió ser la razón principal del puerto de Garachico!".

Jessica pone cara de perplejidad.

"¿A saber...? ", responde la periodista.

"¡El comercio de esclavos!", exclama el profesor. "Ya lo ha dicho don Pedro: en aquella época había mucho tráfico de personas, más conocido como trata de esclavos. Los negros de África eran capturados en masa por la fuerza y embarcados en barcos, sobre todo en Estados Unidos, pero vendidos a altos precios a cualquiera que necesitara mano de obra, y había muchos: basta pensar en los proyectos de construcción aquí en Garachico de los que acabamos de hablar".

"¿Y eso qué tiene que ver con este puerto?", pregunta el alcalde.

"Tengo que ayudar al alcalde", le digo. "La palabra 'transbordado en el puerto' aparece en las descripciones. ¿Qué había que DESCARGAR (subrayo cada letra de esa palabra) en este puerto? Algo que hizo a los mercaderes muy, muy ricos. ¿Qué podía ser? Ya se ha mencionado una razón: Oro, plata, piedras preciosas de todo tipo, pero sobre todo esclavos, un cargamento habitual en los barcos de la época. Por ejemplo, consta que un barco danés "Kron Prinzen" se hundió en una tormenta en 1706 con, es asombroso, ochocientos veinte esclavos, entre seis y siete veces la tripulación".
Todos miran incrédulos.

"Y como he dicho: oro plata metales preciosos básicamente todo lo de valor", añade don Carlos.

"¿Negocios turbios?", se molesta el alcalde, "¿en 'mi' Garachico?".

"Claramente había contrabando de metales preciosos, sobre todo oro y plata. El museo que hay hoy en la iglesia de Icod de los Vinos está lleno de ellos y es un buen ejemplo. Y todo esto en una sola plazoleta del puerto de Garachico!" Digo en tono enérgico y satisfecho de que por fin se haya dicho.

Evidentemente, esta conclusión no se ha expresado tan claramente hasta ahora, porque las caras de las "personalidades locales" presentes hablan un lenguaje claro: la consternación.

El Hermano Benedicto toma la palabra y vuelve los ojos hacia arriba:

"Incluso Séneca, el filósofo romano, dijo hace dos mil años: 'El mayor castigo por hacer el mal se funda en sí mismo y en otra parte': Si alguien desea enseres domésticos relucientes con vasos de oro y platería famosa por los nombres de artistas antiguos, un metal que ha subido tanto de precio por la locura de algunas personas, una multitud de esclavos que abarrotan todas las casas, por espaciosas que sean, y ganado de tiro con cuerpos cebados y piedras valiosas de todos los países, todo esto nunca satisfará al corazón insaciable, aunque lo consiga."

"En otras palabras, la codicia mueve a la gente", añade Marta Gómez, hablando por primera vez.

"El volcán ha acabado con esta insaciabilidad", añado yo.

"Todavía no me lo puedo creer", dice atónito el periodista López, "¿nuestro puerto era un centro de fraude, malversación, tráfico de esclavos y evasión de impuestos? ¿Por qué no dicen algo al respecto señor alcalde o usted señor Ricardo?".

Antes de que pudieran contestar, intervino don Carlos:

"¿Qué tiene que decir? Todo el mundo dice que yo no estaba allí. Eso está claro, pero no se trata de eso. Toda esta historia del puerto debería ser investigada científicamente y luego publicada".

"¡Por el amor de Dios!", se indigna el abad.

"De ninguna manera me niego", dice el alcalde con firmeza.

"Las acusaciones mencionadas son todas conjeturas y ninguna prueba", dice enfadado el señor Ricardo.

"Sí", responde don Carlos, "hace falta ciencia para convertir las suposiciones en pruebas".

"Supongamos", dice la señora López, "que la ciencia se fija en la situación del puerto en aquel momento. ¿Y entonces? ¿Qué ocurre con los resultados?".

"Los resultados se publicarían por escrito en tesis doctorales y artículos de prensa. Temas para su periódico, por ejemplo", dice don Carlos, refiriéndose al periodista.

"Tienes ideas absurdas", le dice el alcalde a don Carlos.

"Usted sólo intenta hacerse un nombre", dice el señor Ricardo, haciendo un claro gesto con el dedo en la sien y dándose la vuelta.

"El oro, la plata, las piedras preciosas y un barco en ruinas serían fáciles de comercializar", dice la comercializadora Marta Gómez.

- 11 -
El pirata Amaro Pargo
y las damas de la noche

"Pero también había cosas buenas en aquella época", dice tímidamente y en voz baja el padre Benito, "los marineros heridos y mutilados en peleas y accidentes venían aquí para ser atendidos y tratados en el hospital de la época, donde las monjas los cuidaban."
Pienso para mis adentros: Ajá, así que la iglesia sabe más que nada después de todo.
Don Carlos respira hondo y dice en tono serio:

"El hospital era ciertamente valioso para atender a los muchos marineros heridos en los barcos y también a los obreros de la construcción heridos. El marinero de la pata de palo es sin duda un símbolo real de ello".

"Pero la caridad no fue tan grande", interviene el señor Alonso, "porque las monjas del Convento de la Inmaculada Concepción, por ejemplo, fueron evacuadas a causa de la erupción volcánica y sólo regresaron dos años (subraya estas dos palabras) después, aunque el convento en sí no sufrió daños por la erupción. La moral de las monjas es asombrosa. Ante este grave suceso, simplemente se marchan sin ocuparse de los heridos, que sin duda estaban allí al calor de la lava. ¿No es censurable? ¿Y cómo es compatible este comportamiento con la fe y la caridad, abad Benedicto?".

El hombre en cuestión se limita a encogerse de hombros y no dice nada al principio y luego:

"Incluso el filósofo romano Séneca escribió: El mayor castigo por un mal cometido es la conciencia de haberlo cometido, y nadie es castigado más severamente que aquel que es sometido a la tortura del remordimiento."

¿"Remordimiento"? Es demasiado tarde para el remordimiento y afectaría a las personas equivocadas, pero la conciencia de la injusticia es importante", dice Carla López, la periodista.

"Tengo que volver a preguntar. ¿Por qué se recargó en el puerto? ¿Y a dónde?", pregunta Marta Gómez.

"¡Sí, exactamente! ¿Recargado? ¿Desde dónde y por quién y por qué?", se suma Jessica.

"Titular: Fraude Malversación Robo" dice significativamente don Carlos.

"¿Delitos?" pregunta Carla López, confirmando al mismo tiempo.

"En cualquier caso, había dos personas muy, muy ricas en la isla por aquel entonces. Uno no era español ni guanche, sino un italiano de cuyo clan uno incluso fue 'elegido' -eso dicen- primer alcalde. Ya lo hemos mencionado -dice don Carlos-.

'José' Pendela, el concejal de raíces italianas, levanta las cejas pero no dice nada.

"Se ha transmitido la palabra 'alcalde', pero como digo, es una exageración porque en aquella época, la de

Mozart y Napoleón, no había democracia en ningún lugar de Europa, así que no había elecciones", añade Guanche Alonso. "Por eso, y lo subrayo, desde luego un italiano no era elegido por los extranjeros, es decir, los comerciantes italianos y españoles, como jefe del pueblo. Ellos tenían potestad para hacerlo. En cualquier caso, los guanches no estaban implicados".
Una opinión clara del señor Alonso.

Jessica está ocupada tomando notas. Ya ha escrito un cuaderno entero. Ante estas palabras, el alcalde hace nerviosas señales con la mano que dicen: yo no tengo nada que ver con esto. Don Carlos asiente pensativo y dice:

"Y la segunda persona muy muy rica era un español nacido aquí en la isla que ya era un pirata notorio desde muy joven y que pudo llegar a llamar suyos a nueve veleros repito: nueve veleros. ¿Para qué necesita un joven tantos veleros? Como ya he dicho antes: ni siquiera entonces uno se hacía rico trabajando con las manos, sino con negocios dudosos porque ofrecían los mayores beneficios. Hablo del pirata Amaro Pargo".

"Y aquí en el puerto también se construyeron sencillas casas de piedra", digo yo. ¿Y por qué? Respuesta: Porque, por razones de seguridad, el oro, la plata y los esclavos no se almacenaban al aire libre en una plaza, sino en edificios sólidos y vigilados. Eso era ciertamente necesario porque el comercio solía durar unos días, incluso semanas".

"¡Ya veo! ¿Quiere decir que el oro, la plata y los esclavos se descargaban de los barcos y se almacenaban aquí? ¿Por qué exactamente?", pregunta la señora López.

"Básicamente por codicia", dice don Carlos y continúa: "Ya se lo he dicho: normalmente había que traer la carga a Sevilla y pagar impuestos. Además, el rey español tenía entonces 'la mano metida'. ¿Qué más obvio que reducir la carga aquí en Garachico, por ejemplo, para hacer negocio propio y ahorrarse impuestos? Esto sigue siendo una práctica común hoy en día en todo el mundo. Aquí, en Garachico, estaba este alcalde al que llamaré "pequeño italiano", su clan y el ya mencionado pirata local Amaro Pargo, que a su vez vendía los metales preciosos y los esclavos con grandes beneficios, seguramente con el apoyo directo o indirecto de la Iglesia católica, que estaba y sigue estando muy presente aquí, ¿no era el abad Benedicto?".
Él sólo dice:

"Yo no estaba allí no puedo decir nada. Por cierto, el oro y la plata que mencioné son de libre acceso al público en el museo de la iglesia de Icod de los Vinos."

"Sí, claro, debe de ser una cantidad mínima", dice el señor Alonso con un deje cínico, "pero una parte mucho mayor fue contrabandeada en secreto a Italia, especialmente a Roma: toda la basílica de San Pedro está llena de ella."

"También me he dado cuenta", continúo, "de que España conquistó la isla concienzudamente, pero Garachico y el puerto obviamente no fueron designados oficialmente como territorio español en aquel momento, de lo contrario los españoles habrían echado a los italianos e instalado una aduana española. Aquí tenían al "ahorrador de impuestos" más rico de la tierra: ¡Amaro Pargo! Los propios españoles también eran católicos. Pero este centro de poder católico-italiano y la Inquisición probablemente desanimaron a todo el mundo. Era la época de los conquistadores y, al parecer, nadie quería meterse con la Iglesia. Así que el puerto se dejó en paz. A su vez, los nobles italianos lo utilizaron en su beneficio y, en el toma y daca mutuo, la iglesia también se llevó su parte, a la que ya entonces le encantaba el oro y la plata. Basta con echar un vistazo a las iglesias católicas de todo el mundo".

"Como prueba del apoyo, saltan a la vista los numerosos monasterios e iglesias que hay en un lugar tan pequeño y que seguramente no era la intención del abad Benedicto", se pregunta el señor Alonso.

"Las iglesias y monasterios están aquí", responde en tono bajo, "no se puede dejar que se deterioren". Levanta los brazos inocentemente en el aire.

"Está desviando la atención", dice el señor Alonso con rudeza, "se trata del dominio de la Iglesia católica, que se sigue promoviendo hoy en día, ¿no es así, señor alcalde?".

"Claro, no se pueden ignorar las iglesias y los conventos", dice el hombre con diplomacia.

"Las hermanas del pirata Pargo, por ejemplo, eran monjas", dijo el señor Alonso.

"Tres hermanas eran monjas", corrigió don Carlos.

"Los conventos son para todos los monjes o monjas", dice el abad Benito.

"Pero las monjas mencionadas no tienen por qué haber estado directamente implicadas. Pero seguro que conocían a toda la gente que tenía algo que decir en la organización católica. Y al 'italianito' también, porque ¿qué otra cosa hacen las familias italianas que construyen palacios en territorio español?", se mofa el señor Alonso.

"Continúe, por favor, profesor", dice el periodista con cara agria.

"Ya lo hemos dicho: entre los ricos de la época había un español nativo nacido en la isla que se abrió camino desde mozo de barco hasta pirata asquerosamente rico con nueve barcos propios. E incluso entonces, no te hacías asquerosamente rico con una miseria como marinero o como agricultor vendiendo tus propios productos. No, tampoco entonces uno se hacía asquerosamente rico con el trabajo honrado, sino, por ejemplo, con la piratería, como este Amaro Pargo local, porque la piratería no era otra cosa que el robo violento de barcos y cargamentos y, por supuesto, el mencionado comercio de oro, plata y esclavos al que también se dedicaba la "otra facción" de italianos. La primera calle cercana al puerto por allí todavía se llama "Estaban de Ponte" y en ella se construyeron los primeros edificios de piedra para el comercio. Y como ya se ha preguntado: ¿Por qué piedra cuando los indígenas guanches vivían en tiendas y cuevas?
No cabe duda de que había un choque de intereses directos. Debía de haber a menudo envidias, agravios y disputas. Y las casas de piedra eran necesarias para protegerse".

"Tal como lo plantea, profesor, debió de haber muchas peleas", comenzó de pronto Jessica. "Sobre todo entre los dos mandamases, el pirata Amaro y el entonces alcalde italiano de Ponte o alguien de su clan, por ejemplo, imagino: En el muelle, se acercan el uno al otro desde direcciones opuestas. Ninguno de los dos se aparta del otro y se detienen justo antes de chocar. El italiano dice: "Quería hablar contigo. Capturaste el barco Amalia y te lo llevaste todo. Pero la cuarta parte del oro y la mitad de la plata son mías. Quiero que me lo devuelvas todo. Amaro se ríe y dice: "Marinero de agua dulce, te diré una cosa: los piratas no usan la palabra 'devolver'. Lo mío es mío. Eso es. Además, ya que estás aquí: te sacaré otros cincuenta esclavos que me has estafado. ¿Engañado? ¿Cuándo fue eso? Cuando llegó la última flota de plata, aprovechaste el caos para llevar rápidamente a mis esclavos del mercado de esclavos a tu almacén y desde entonces no los he visto ni a ellos ni a ti. ¿Crees que lo olvidaré?"

"Muy fiel a la realidad, Jessica", dice el profesor con aprecio y cambia de tema:

"Pasemos a otra institución interesante que existió y sigue existiendo en todos los puertos del mundo: El burdel". Los hombres ríen espontáneamente y el abad Benedikt se aparta tímidamente.

"Aquí se las llamaba damas de noche", dice el señor Alonso.

"Seguro que el burdel estaba alojado en una de las casas de piedra, igual que la taberna del puerto", digo yo.

"Así que el citado permiso para salir debía ser muy importante para un marinero y probablemente también un honor", dice don Carlos.

"Sí, en cualquier caso. ¡Por fin sexo! Por fin buen alcohol!", exclama el señor Alonso.

"Y no se olvide: socializar con los demás y enterarse de todo tipo de noticias y acontecimientos de todo el mundo siempre es interesante para la gente", dice el periodista.

"¿Cómo se imagina una visita a un burdel en aquella época? Todavía no había anticonceptivos", pregunto al grupo.

"Los marineros debían de apestar muchísimo. Creo que primero tenían que bañarse, lo que sin duda era una experiencia muy agradable para el hombre y para las damas de la noche, que probablemente eran en su mayoría mujeres guanches. Probablemente también había una madame que supervisaba y organizaba a los marineros y a las respectivas mujeres", dice el periodista.

"Me lo imagino así", empieza Jessica, "la madame, llamémosla María, es una mujer decidida, robusta y no muy joven que suele estar en la puerta del edificio de piedra del burdel buscando clientes".
Todo el grupo empieza a sonreír.

"Es la jefa de las damas de la noche y las organiza. Y los marineros eran hombres de todo el mundo y, como siempre en el mundo, se aplica la regla simple: el que tiene suficiente dinero entra. Como no se conocían los anticonceptivos, había sexo sin protección y las correspondientes enfermedades de transmisión sexual".

"Y cada nueve meses aparecía descendencia", dice la señora López.

"Sí, y creo que estos niños eran muy bien recibidos entre el pueblo guanche. Aunque sólo fuera para mejorar la endogamia", añade el guanche señor Alonso. "Aunque entonces no se sabía exactamente por qué, el hecho de que los niños guanches nacieran a veces discapacitados desde luego no era un secreto. Los niños concebidos en el burdel solían ser sanos y fuertes, a menudo con el pelo rubio o incluso negro. Y estos niños fuertes eran buenos en el trabajo y se integraban rápidamente. Aún quedaba mucho espacio en la isla".

- 12 -
Ideas para el tesoro

"¡Qué bien! Sigamos hacia la playa", dice don Carlos y señala en la dirección correcta. Al final del aparcamiento público, nos dirigimos hacia la playa. Los participantes comentan lo que se acaba de decir y añaden sus propias opiniones.

El grupo se reúne en la playa.

"La descripción del puerto también nos dice indirectamente", continúa don Carlos, "que entonces debían de caber cuarenta barcos en el puerto".

"¡Cuarenta barcos, veleros!", exclamo asombrado, "necesitan mucho espacio. Así que el puerto debía de ser una gran bahía".

Don Carlos asiente y dice:

"Entonces supongamos que el frente de hoy a la izquierda" señala "donde se ve la masa de lava de la erupción no existía así antes de la erupción".

"Entonces, ¿la escarpa de hoy, los Acantilados de la Culata, no existía entonces?", pregunta el señor Alonso.

"No, el escarpe de hoy probablemente no existía entonces tal y como es hoy, pero desde luego había una ladera. Esto de aquí (hace un amplio arco con la mano) era todavía la dársena del puerto en un gran arco hacia el sur" hace también un gran arco con la otra mano y continúa: "Por favor, mire hacia arriba". Señala hacia arriba con la mano derecha y todos miran también hacia arriba.

"No se ve ningún volcán. Así que eso significa: incluso entonces, no se podía ver el volcán desde el nivel del mar, así que ni siquiera se podía adivinar que allí había un volcán que podía entrar en erupción".
Y tras una breve pausa, continúa:

"También sería interesante ver si hay oro y plata o cualquier otra cosa de valor bajo este manto de lava actual en la escarpa".

"¿Qué le hace pensar eso?", pregunto.

"Podría ser", continúa don Carlos, "que los armadores, sobre todo Amaro Pargo o los condes italianos, se dieran cuenta más pronto de la erupción volcánica y quisieran sacar sus tesoros del barco y ponerlos a buen recaudo en las cuevas que había antes."
Todos ponen cara de asombro.

"Habría que buscar y examinar la ladera" y ahora don Carlos puso cara de astucia "con equipos de búsqueda de alta tecnología y escáneres".

"La ladera es una zona protegida", dice el alcalde con energía y el señor Ricardo añade:

"¡Usted y sus ideas empiezan a ponerme de los nervios!".

"Sólo digo", dice don Carlos levantando ambas manos con culpabilidad.

"Hoy en día hay aparatos técnicos que pueden escanear digitalmente una ladera", digo yo. "Y no hay que mover nada de tierra".

"No está permitido", dice el señor Alonso, "la ladera es una reserva natural".

"El procedimiento ya se ha presentado en la universidad", dice Jessica significativamente y continúa: "En Egipto hubo una vez un proyecto de investigación en las pirámides que costó millones. Utilizando tecnología punta, los expertos examinaron la pirámide de Khufu, la mayor de todas, con escáneres láser y térmicos mediante drones y encontraron una cavidad desconocida hasta entonces. El escaneado debería ser igual aquí".

"Ya te digo", dice don Carlos, "sólo hay que espabilar y poner la "búsqueda del tesoro" en manos de profesionales y no dejarlo en manos de aficionados".

"Imagínate Marta, si aquí se encontrara oro y plata de la época", le dice el alcalde a la experta en turismo.

"Eso sería un gran impulso para el turismo", confirma el experto en marketing.

"Eso sería una gran sensación", dice la señora López, "¡Ya puedo ver el titular!".

"Quizá el pirata Amaro Pargo tenía la 'habitación' mencionada en su testamento aquí, en la extensa zona del antiguo puerto, es decir, una cueva en la que guardaba una caja de oro, perlas de plata y piedras preciosas", se entusiasma Marta Gómez.

"Parece lógico", añade Jessica, "no arrastrar primero el pesado tesoro hacia el norte, a su casa, sino esconderlo aquí mismo, cerca del puerto".

"Y Amaro Pargo tiene un libro con la lista de sus valiosas posesiones, como porcelana china y cuadros, que aún no han sido encontrados", dice el señor Alonso.

"Pero los señores de aquí (señala al alcalde y al señor Ricardo) creen que estoy loco", se queja don Carlos, "volvamos al monumento".

- 13 -
Erupción volcánica
y taxonomías católicas

Estamos junto al mar y el citado monumento a los antiguos emigrantes, el Monumento Al Emigrante, y hay conversaciones de tú a tú sobre el monumento porque no tiene sentido para nosotros, al menos no de entrada. Surge una pregunta: al parecer, el motivo de la emigración fue la hambruna, pero ¿por qué se erigió un monumento a los emigrantes y no a las numerosas víctimas del brote de Vukan?

"El monumento se llama 'Tensei Tenmoku' porque fue creado por un artista japonés y simboliza la nueva era", explica la señora Costa, de la oficina de turismo.

"Se creó en 2002", dice la alcaldesa, "y significa que cuando atraviesas la puerta, entras en un mundo nuevo en sentido figurado".

"Y está hecha de un mármol especialmente caro", dice don Carlos con un matiz ligeramente sarcástico. "No tiene nada que ver con nuestros temas".
Dice el señor Aloso:

"Para todos los muertos a consecuencia de la erupción volcánica no hay lápida ni tafilete ni recuerdo ni humildad" dice con reproche.

"Porque no hubo muertos, ¿por qué no se da cuenta?", dice el señor Ricardo en tono cortante.
El alcalde también reacciona inmediatamente diciendo:

"La lápida del Emigrante conmemora a los emigrantes y, en cualquier caso, se decidió antes de mi época. Pero tiene usted razón. Los muchos muertos de los que ya hemos hablado siguen sin ser honrados en ninguna parte. El respeto lo exigiría".

"Quizá sólo algunos marineros aparecieron muertos en la orilla y fueron enterrados", digo y don Carlos niega con la cabeza. El abad Benito mira a un lado, avergonzado.

"La probabilidad habla claramente en contra de esta cifra tan baja. Si tenemos en cuenta que el barco danés que se hundió llevaba más de ochocientos cincuenta esclavos y, desde luego, más de cien marineros a bordo, que se supone que era lo habitual en la época, ¡así que casi mil personas a bordo de un solo barco! Con treinta barcos, eso significa unas treinta mil personas en el puerto de Garachico, por lo que "ninguna muerte" es una trivialización deliberada según la tradición".

El abad guarda silencio, palidece y dice:

"Incluso el filósofo romano Séneca escribió: 'La muerte es la liberación de todo dolor y el cese completo. Nuestro sufrimiento no va más allá".

A sus espaldas, la gente empezó a burlarse de él. Pero el tema era demasiado serio para eso, porque la muerte es el final de la vida.

El alcalde también parece haberse ido de la lengua y el concejal local de raíces italianas, José' Pendela, se lleva las manos a la cara horrorizado ante estas cifras. Probablemente imagina que decenas de miles de personas han muerto aquí en un solo día.

Se produce un opresivo momento de silencio.

Don Carlos retoma la conversación:

"Seguramente también había barcos en el puerto el día de la erupción volcánica, pero no hay cifras oficiales. Tal vez el abad Benito encuentre registros de la situación en alguno de sus monasterios y me los entregue a mí o al alcalde para su tratamiento científico y publicación."

"A mí no, por favor, no quiero tener nada que ver con esto", responde.

"¡A mí entonces!", dice don Carlos, molesto por la negativa. "Aunque supuestamente (alarga la palabra) no haya informes para Garachico".

"Debería usted controlarse", le dice severamente el señor Ricardo al profesor.

"Sí, señor Ricardo, de todas formas tendremos que discutirlo todo en otro sitio", interrumpe la discusión don Carlos, se da la vuelta y continúa:

"Volvamos a la erupción volcánica y sus consecuencias. Los vulcanólogos distinguen dos tipos de erupción volcánica".

Y al ver las caras de asombro de los espectadores, dice:

"Sí, están asombrados. Una erupción volcánica no es una erupción volcánica porque existe la llamada erupción explosiva y la erupción efusiva. Por desgracia, no sabemos qué variante ha tomado este volcán. Sea como fuere, cuando la lava llega al mar, se produce vapor de agua tóxico y posiblemente también un tsunami, es decir, olas extremadamente altas. El calor hizo que los barcos, que entonces eran de madera, se incendiaran y ardieran. El flujo piroclástico, es decir, el veneno en el aire, ya había dejado inconscientes a los marineros y esclavos antes de que el calor los quemara. No tenían ninguna posibilidad de salvarse.

Como ya se ha dicho, no se conoce el número de barcos, por lo que sólo podemos estimar el número de muertos. Debieron de ser varios miles. Todo lo que no se quemó se hundió y ahora está enterrado en la lava del fondo del mar. La gente del muelle tampoco tuvo oportunidad de salvarse".

Y tras un respiro, Don Carlos continúa:

"Científicamente, esta erupción es de tipo fisural con lavas de basalto olivínico piroxénico. Tienen entre cinco y diez metros de espesor, ¡por lo que la ceniza alcanza los diez metros de altura! El volumen total emitido se estima en unos 50.809.793 m3 y la superficie cubierta en 6.881.413 m2. Así que pueden tomar La Palma como comparación".

Ahora tomo la palabra:

"Conozco la erupción volcánica de Pompeya, que Jessica describió vívidamente, a saber, que Pompeya quedó cubierta por una gruesa capa de ceniza. También se podía ver eso en La Palma. El aire de Pompeya era caliente y estaba tan espeso de polvo fino que respirarlo era mortal para la mayoría de la gente. Muchas casas se derrumbaron total o parcialmente. Se dice que la lluvia de ceniza iba acompañada de lodo caliente que fluía hacia la ciudad desde el volcán. Las partículas de lodo también fueron expulsadas del volcán de tal manera que se endurecieron en pequeñas bolas de piedra al volar y cayeron sobre Pompeya como un fuerte granizo. No puedo imaginar que los monjes de los monasterios de aquí no observaran este desastre natural desde el campanario y escribieran informes de testigos, o ¿cómo lo ve usted Abad Benedicto?".

Él agita las manos (señal: soy inocente) y no dice nada. Pero Don Carlos sermonea:

"Ha trascendido que no fueron tres, sino siete los torrentes de lava que bajaron por la ladera y se ensancharon. Se detuvieron frente a la iglesia parroquial de Santa Ana, por ejemplo, pero la lava estaba tan cerca que el calor quemó parte del edificio, que luego fue reconstruido entre 1714 y 1721. La erupción arrasó también los monasterios de San Dídacus, Santa Clara y San Francisco, así como la casa del conde de La Gomera.

En una tercera fase, nuevas corrientes de lava fluyeron hacia el oeste de la anterior, quemando el pinar y las tierras de cultivo y golpeando el pueblo de El Tanque. Un flujo se atascó en el cantil, es decir, en este borde (apunta hacia el otro lado de la ladera). La fecha final de esta erupción es dudosa aunque varios informes coinciden en que duró cuarenta días. Como te decía, echa un vistazo a los vídeos de La Palma en 2021 en internet y verás la erupción y el drama ante tus ojos."

"¿Y el puerto?", pregunto.

"Puede que aquel día hubiera relativamente pocos barcos en el puerto", continúa el profesor Don Carlos. "Era mayo de 1706 y probablemente ya había pasado la mencionada flota de plata española porque, según los registros, solían zarpar hacia África y el Cabo en marzo-abril para aprovechar los vientos alisios favorables. Pero la navegación privada, que también seguía existiendo, queda en entredicho. Se trataba de barcos mercantes propiedad de armadores que hoy se denominarían inversores, que poseían varios barcos para comerciar con mercancías procedentes de África, el Caribe, la India, México, etcétera. También había barcos piratas propiedad de piratas como Amaro Pargo que preparaban mercancías y esclavos para venderlos aquí, es decir, cargaban y descargaban sus barcos. Por lo tanto, es posible y probable que, por ejemplo, barcos del pirata local Amaro Pargo o un número actualmente desconocido de barcos mercantes estuvieran en el puerto para cargar o descargar".

Y tras una breve pausa, prosigue:

"En cualquier caso, según la escritora cubana Dulce María Loynaz, ese día había en Garachico varios barcos cargados con valiosos cargamentos. Al parecer, el conde de

La Gomera había comprado algunos tesoros para sus hijas. Un barco mercante procedente de Flandes entregó encajes, terciopelo y otras telas finas. A ellos se unió una galera veneciana que transportaba marfil, nácar, ébano, perfumes orientales e higos secos. Pero la estrella del día fue el galeón español "María Galante". También traía muchas mercancías exóticas, pero además transportaba un tesoro de oro. Estaba destinado al rey español".

Y el alcalde añade:

"Desde entonces, el fabuloso tesoro sigue yaciendo frente a la costa y, naturalmente, ha atraído a numerosos buscadores de tesoros. Sin embargo, no es posible decir exactamente dónde se hundió el "Maria Galante".

"Hoy sabemos cómo funciona una erupción volcánica -comenzó don Carlos el renovado diálogo-, como ya he dicho, con varios terremotos y un estruendo en el aire. Seguramente fue así en Garachico antes de que entrara en erupción el volcán de Arenas Negras o el de Trevejo. Pero probablemente no se veía mucho en el puerto y no se podía hacer mucho con estos presagios en aquel momento. En cualquier caso, el cielo se oscurecía, quizá los monjes tocaban las campanas, quizá monjes y monjas rezaban en los monasterios. Y los guanches seguían creyendo en sus dioses junto con el cristianismo. Quizá culparan a los dioses malignos de los presagios".

Jessica habla:

"Sé lo del Vesubio: por la tarde, sobre la fumarola del Vesubio se había formado una nube columnar de cenizas gaseosas de hasta treinta kilómetros de altura en la que descargaban violentas tormentas eléctricas. La parte superior se extendía en todas direcciones, adoptando la forma de una copa de pino. La columna fue impulsada por el viento en dirección sureste y luego sus componentes individuales cayeron al suelo, formando una capa de depósitos de dos a tres metros de altura en Pompeya y la vecina ciudad de Oplontis. Colapso de la nube de ceniza gaseosa. Nuevos flujos piroclásticos se precipitaron sobre Herculano a temperaturas de hasta quinientos grados centígrados y velocidades de más de cien kilómetros por hora. La zona del puerto quedó invadida y los refugiados de las arcadas murieron. Incluso los refugiados que ya estaban en el mar en sus embarcaciones se vieron envueltos en la nube de muerte. Los "flujos piroclásticos" eran nubes de ceniza incandescente que descendieron a gran velocidad por las laderas del Vesubio y destruyeron Herculano, cuyos habitantes, en su mayoría, ya habían huido.

Muchas casas se derrumbaron y otras quedaron casi completamente sepultadas. El aire era seco y caliente y estaba tan lleno de polvo fino que muchas personas se asfixiaban en agonía con sólo respirar.

Las fuertes lluvias provocadas por las enormes cantidades de vapor de agua que se elevaban a la atmósfera combinaron este material en densas corrientes de lodo que ahora caían en cascada por los valles de las laderas del volcán, causando una mayor devastación. En un día y una noche, un paisaje floreciente se ha convertido en un desierto sin vida".

"Si trasladamos mentalmente este escenario a Garachico, rápidamente nos damos cuenta de lo trágico que es", dice Don Carlo. "Pero no hay informes para Garachico y todo se despacha escuetamente con un 'no hay muertos'", vuelve a decir Don Carlo.

"Quizá el señor Abad pueda ayudar a aclarar las cosas en el futuro", dice la señora López.

"Echaré un vistazo en la biblioteca", responde.

"Mirará en la biblioteca", le imita venenosamente don Carlos y le señala con el dedo, "pero no ha dicho cuándo". ¿Serán suficientes los próximos cien años?".

"Debería controlarse", vuelve a decir severamente el señor Ricardo al profesor. Continúa impasible:

"Entiéndalo de una vez: cuando la lava llega al mar, se produce vapor de agua tóxico. El flujo piroclástico, es decir, el veneno en el aire, mató a los marineros, a los esclavos y a parte de la población. La tradición histórica de 'no hubo muertos' debe ser corregida por los hechos", concluye emocionado don Carlos.

El señor Alonso dice con sobriedad:

"Hay que superar a toda costa las mencionadas taxonomías católicas".

"No quiero contestar a eso", dice el abad.

Digo yo:

"Cuarenta días después de la erupción, el volcán se fue calmando poco a poco. Aparentemente no salió más lava. Pero debió de hacer falta todo el año, o al menos muchos meses, para que la lava roja de mil grados se enfriara."

Y continúo:

"La erupción tuvo lugar la noche del 5 de mayo de 1706, lo que significa que estaba oscuro. La erupción se produjo con un estruendo increíble y el flujo piroclástico creó una presión de aire que hizo añicos las ventanas de cristal y rompió los pulmones de las personas que se encontraban en el canal de presión directa porque, por ejemplo, se levantaron de la cama y se acercaron a la ventana a causa del estruendo. Murieron en el acto. Los pocos que sobrevivieron al infierno huyeron gritando en dirección a Icod de los Vinos tan rápido como pudieron. Sin duda estaban traumatizados y eran incapaces de pensar o hacer algo con sentido. Sólo al cabo de unos días o semanas, cuando el calor de la lava hubiera remitido un poco, se habrían atrevido a volver a Garachico para ver lo que quedaba de la casa familiar y de las propiedades de los amigos, a menos que, como en el caso del Vesubio, dos o tres metros de polvo lo hubieran cubierto todo. Y probablemente sólo hubo ayuda de los vecinos con palas y herramientas sencillas, no como hoy con camiones, excavadoras y maquinaria pesada".

"Mucha gente debió de morir después por todo el gas venenoso que había en el aire, yacían muertos en las calles y caminos y en las casas, congelados en movimiento como en Pompeya. Debió de ser un espectáculo terrible para los supervivientes", dice el señor Alonso.

"Visto desde todas las perspectivas, la afirmación de 'no hubo muertos' debe ser una mentira escandalosa", concluye el señor Pendela.

"¡Definitivamente!"

Acuerdo general.

"La Iglesia católica, es decir, los monjes, debieron de aplicar ya entonces las reglas de comportamiento de la cúpula católica, desde el obispo cardenal hasta el papa, a saber, repito: callar no saber nada no admitir nada suprimir todo barrerlo bajo la alfombra tergiversar los hechos hacer reconvenciones denigrar a los adversarios los profesores de retórica llaman a esto 'dialéctica injusta' pero sigue siendo eficaz hoy en día en la situación adecuada", dice el señor Alonso. Evidentemente, tiene sus problemas con la Iglesia católica.

"Y debido a esta presión interna, quizás los monjes escondieron sus notas para evitar meterse en problemas", dice el periodista.

"¡Todo son especulaciones! Oficialmente, no hubo muertos", repite el alcalde con expresión importante.

"Sí, no hubo muertos y se callan".

Dice ahora también don Carlos y se lleva el dedo a los labios.

"¿Así que el gran drama de 1706 aún no se ha tratado hoy?", pregunta la señora López.

"Se podría decir que sí", dice don Carlos con un resoplido. "Cada cinco años, en julio-agosto, hay una gran fiesta en el pueblo, las 'Fiestas Lustrales del Cristo de la Misericordia', en las que, además de un desfile, se hacen rodar por la cuesta bolas de fuego encendidas, es decir, sacos de piñas empapados en gasolina. Con ello se pretende conmemorar la erupción de lava que tuvo lugar el 6 de mayo y no en agosto. Este espectáculo politécnico con desfile de carrozas y decoraciones festivas en las casas es, por supuesto, una broma y no tiene nada en común con una cultura del recuerdo por los numerosos muertos."

"Porque no ha existido tal cosa", dice enérgicamente el señor Ricardo.

"Y no se ha investigado si es cierto", dice la señora López.

"Pero es absolutamente necesario hacer esa investigación", dice don Carlos, "hay que encargar a científicos de varias facultades, vulcanólogos, geólogos, etcétera, que investiguen la erupción volcánica y publiquen los resultados en conferencias, seminarios, ponencias y libros."

"Eso ni hablar", dice enfadado el señor Rodrigez, y el alcalde añade:

"Sin mí, mientras sea alcalde, sabré impedirlo".
Y prosigue:

"A causa de esta catástrofe natural, hace tiempo que tenemos un mundo diferente. El puerto ha quedado inutilizado "para siempre" para los barcos mercantes, lo que naturalmente provocó un declive del comercio. Los barcos mercantes se trasladaron al Puerto de la Cruz, pero esto ya no provocó un auge allí".

"Por supuesto, Puerto de la Cruz estaba bajo la supervisión de los españoles", dice Jessica, "y por tanto bajo el control del rey. Esto significaba que los negocios ilegales libres de impuestos ya casi no eran posibles."

Don Carlos vuelve a hablar:

"Volvamos a las consecuencias. No se dice ni una palabra de las cenizas, aunque debió de haber metros de ellas. Imagínense: ¡de tres a diez metros de altura! Al menos como se puede ver en La Palma. Tanto más importante sería el informe de un testigo ocular que, como ya se ha dicho, debe existir en algún lugar de los archivos. Estoy convencido de ello. Hay que llegar a él".

"No se está haciendo nada en absoluto, señor Carlos", dice el alcalde en tono cortante.

"Tiene ideas absurdas, descabelladas", dice el señor Rodrigez.

"En La Palma", dice Jessica, "pudieron empezar a evacuar a ancianos y enfermos antes de la erupción gracias a las señales del volcán. Alrededor de quinientos investigadores se acreditaron para registrar científicamente la erupción. También se dice que hay ciertas similitudes con la erupción del volcán de la vecina isla de El Hierro en 2011. Hasta aquí la investigación científica".

"Lo que me llamó la atención", digo, "es que aún hoy el nombre oficial 'Garachico y puerto' es básicamente el pueblo y el puerto. Psicológicamente, lo leo como que aún hoy: uno es Garachico y el otro es el puerto, como si quisieran no tener nada que ver con lo que ocurre en el puerto, es decir, con el tráfico delictivo."

"Pura hipocresía", interviene el periodista López.

"Es una interpretación completamente absurda", dice indignado el alcalde.

"No, nunca lo he visto así", dice el concejal José' Pendela.

"Pero sigue siendo una opinión que no se puede desestimar", dice la señora López.

"Eso me explica", digo yo, "por qué sigue sin haber una placa conmemorativa de las miles de personas que murieron en el puerto a consecuencia de las catástrofes naturales. Está claro que hoy nadie tiene la culpa de las muertes. Pero por razones de honesta moralidad y responsabilidad humana desde la fe cristiana, lo que ocurrió, y aquí me refiero a la trata de esclavos en particular, no debe ocultarse, señor Abad. Esto se llama cultura del recuerdo".

El clérigo al que se dirige se aparta, avergonzado, toma aire pero no dice nada.

"Haría falta un autor extranjero para señalar esta falta de empatía por la memoria de los muertos", dice el señor Alonso y espontáneamente me da una palmada en el hombro de forma amistosa.

El alcalde respira hondo pero no dice nada y el periodista sonríe. El concejal "José" Pendela pone cara de asombro y dice:

"Se nos podía haber ocurrido a nosotros, señor alcalde".

Inmediatamente digo:

"Por favor, por favor, por favor, no me corresponde a mí como extranjero juzgar a Garachico y su liderazgo político y circunstancias morales. Pido disculpas, pero tampoco me corresponde hacer acusaciones ni repartir culpas. Me gustaría haberlo dicho".

Se produce una pausa durante la cual todos se miran con cierta timidez y permanecen en silencio "de acuerdo".

"Volviendo a la erupción volcánica. No me imagino -comenzó el señor Alonso- que los monjes de los monasterios no reconocieran al poco tiempo este desastre natural como tal, porque la Biblia ya habla de desastres naturales apocalípticos. Oyeron los gritos desesperados de los heridos y asfixiados, es decir, moribundos, pudieron observar la situación desde el campanario de las iglesias y así crear informes de testigos porque sabían escribir, o ¿cómo lo ve usted Abad Benito?"

"No sé nada de informes de testigos", dice en voz baja, casi avergonzado.
Todos le miran incrédulos.

"Lo pasado, pasado está", dice la experta en turismo Paula Costa.

"Entienda que el silencio y la ocultación es lo que mejor sabe hacer la Iglesia", añade don Carlos.

"¿Cómo dice?", pregunta venenoso el abad Benito.
Y el señor Alonso replica con un tono aún más agudo:

"La ocultación es una de las citadas "seis taxonomías católicas" precisamente "dialéctica injusta" válida desde fraile a obispo cardenal papa. Y usted, abad Benedicto, obviamente también se adhiere a ella".
No dice nada al respecto.

"No queremos ocultar nada, simplemente no queremos desenterrarlo. ¿Qué sentido tiene esta vieja historia?", pregunta el señor Ricardo.

"La discusión sobre los niños abusados por 'dignatarios' católicos es mi mejor prueba de las palabras taxonómicas antes mencionadas", añade el señor Alonso, "y de que el uso de estas palabras también es patético."

"Por favor, señor Alonso, no enfade al abad Benedicto, que aún le necesitamos", se aplaca don Carlos y prosigue:

"La gente solía culpar a Dios de todos los desastres naturales porque no podían explicarlos de otra manera. Pero precisamente por eso todo el mundo católico de Garachico debió de querer dejar constancia escrita de la catástrofe, quizá incluso a posteriori. Hay que asumirlo, no se puede esconder todo bajo la alfombra".

"La Biblia habla mucho del 'fin de los tiempos'", añade el señor Alonso, "dice: el fin de los tiempos se acerca. Así lo proclamaron muchos profetas. Los habitantes de Garachico también creían que la erupción volcánica significaba que había llegado el fin de los tiempos, porque las actividades criminales no podían permanecer ocultas a la población. Esto crea miedo a un Dios castigador, alimentado por la iglesia, los monjes
por todo el aparato eclesiástico".

"Los guanches creían en dioses", dice el señor Alonso, "y también aquí el miedo a dioses castigadores es un miedo primigenio. Todos los acontecimientos se atribuían a acciones divinas, como la mala salud y la enfermedad, la victoria o la derrota en la guerra, la sequía o las inundaciones y, desde luego, también la terrible erupción volcánica."

"Los descubrimientos e inventos de los últimos siglos han permitido comprender que las catástrofes naturales no están causadas por una intervención divina sobrenatural, sino por las leyes de la evolución, la mayoría de las cuales pueden explicarse científicamente. No son directamente imputables al comportamiento moral de nosotros, los humanos, aunque pueda ser así indirectamente, como podemos ver en el cambio climático, por ejemplo", afirma la periodista Señora López.

"Sólo puedo decir, aunque no me crean: no sé nada de lo que pasó durante la erupción volcánica", dice el abad Benedicto con asombrosa claridad.

"No esperaba otra cosa de usted, pero debería investigar urgentemente este tema", dice enfadado el señor Alonso.

"Sí, urge analizar científicamente todo el asunto", repite don Carlos. "Y espero que los monasterios de aquí colaboren activamente facilitando el acceso a la biblioteca y ayudando en la traducción del latín".

"Bajo ningún concepto haremos públicos los documentos. Al fin y al cabo, tienen trescientos años", responde el abad Benedikt.

"Me basta ahora con que prometan facilitar el acceso interno a los estudiosos ahora y no dentro de otros trescientos años, eso sí".

El abad Benedikt no dice nada y se aparta.

"Puedes esperar mucho tiempo", vuelve a burlarse Alonso.

"Me opongo enérgicamente a que se vuelva a remover esta vieja historia", dice enfadado el señor Ricardo.

"¿Dónde estaba yo?", comienza de nuevo don Carlos y retoma su postura tensa con los brazos extendidos. "Pues para terminar: Aquí arriba a la izquierda (señala hacia allí) en la empinada ladera que se ve en negro, venía rodando la lava caliente. Siete torrentes se dividieron: por encima de la puerta de la ciudad, pasando por la iglesia de Santa Ana, por delante de la piscina de hoy y hacia el mar. Aquí, en el lado interior, es decir, por aquí (señaló hacia allí), la corriente de lava se dividió en una que empujó más allá de la torre de San Miguel hacia el mar y formó las actuales piscinas de El Caletón y la corriente de lava restante más probablemente dos más formaron la zona del antiguo almacén donde estábamos con la segunda estación hasta el aparcamiento público incluido y la lengua de lava sobre la que estamos ahora con la escultura que no significa nada para mí, ¿cómo se llama? - Tenseitenmoku. Esto destruyó todo el muelle y el puerto. Incluidas las casas de piedra con esclavos y tesoros de oro y plata. Otra corriente de lava bajó por esta ladera, o más bien esta ladera negra fue creada por la corriente de lava, que acortó y redujo el puerto en consecuencia."
Ahora toma la palabra la Señora López:

"Terrible, sin embargo, es el destino de los muchos esclavos que normalmente yacían encadenados muy juntos, hombre con hombre, en el casco del barco. Tantos esclavos y marineros no tenían ninguna posibilidad de sobrevivir. Deberíamos guardar un minuto de silencio".

Es recibida con aprobación y se guarda un minuto de silencio.

"Según la leyenda, el galeón 'Maria Galante' también yacía en el puerto y fue destruido. Se dice que llevaba a bordo un suntuoso tesoro de oro para el rey español. Los buzos siguen buscándolo en vano", dice el alcalde.

"Creo que hay que proceder de otra manera", le digo, "es decir, primero escanear el techo de lava y buscar puntos débiles. A continuación, utilizar equipos técnicos pesados para intentar romper el techo de lava y retirarlo de modo que haya acceso para la arqueología subacuática. Sólo ahora se podrá investigar bajo el agua".

"Sí, es una buena idea. De todas formas tendremos que discutirlo todo en otro sitio", interrumpe Don Carlos la discusión y continúa con su conferencia:

"Y luego estaba el lado de enfrente (señala hacia allí), donde hoy se levanta San Pedro. La colada de lava que entró aquí separó el puerto original, es decir, lo acortó y lo hizo mucho más pequeño".

Todos miran la pared rocosa de enfrente. Don Carlos continúa:

"Permítanme decirlo así: hay pocos documentos creíbles. La mayoría de los informes sólo se refieren a los daños causados por la contaminación de lava. Pero no a las muchas muertes y al indescriptible sufrimiento que tuvo que soportar la gente.

Las pocas personas de Garachico que sobrevivieron al infierno debieron correr gritando hacia la tierra, escondiéndose de las rocas de lava que caían y quedaron conmocionadas de por vida con daños psicológicos incurables de los que, por supuesto, las personas vivas de hoy no somos responsables, pero escuchen:

Las consecuencias de la erupción volcánica, es decir, el sufrimiento de la población de Garachico, por un lado, y la muerte de presumiblemente miles de esclavos procedentes de África, por otro, y en tercer lugar el pozo negro de las actividades delictivas en el puerto, deben ser tratadas. Así que, en primer lugar, trabajaremos científicamente con historiadores, sociólogos, economistas, etc. en peritajes, estudios, diversos seminarios y eventos aquí en Garachico, incluidas las bibliotecas, y espero que el Abad Benedicto también abra la biblioteca de su monasterio para la investigación científica cuando la ciencia lo necesite. Cuando los primeros resultados estén disponibles, la población y el turismo también deberían participar en los eventos. ¿Qué les parece esto, señor alcalde y señora Costa?".

"Nada", dijeron los dos al unísono y el señor Ricardo asintió.

"¿Por qué no?"

"Porque fue hace más de trescientos años. No podemos enfrentar a la población de la noche a la mañana con el sufrimiento de los habitantes de aquella época con actividades criminales en el puerto y la muerte de miles de esclavos. Aunque está por ver si todo ocurrió como se describe".

A Don Carlos se le cae la barbilla y parece sorprendido por el brusco rechazo. El señor Alonso toma la palabra por él:

"El profesor dijo que sólo lo haría público e involucraría a la opinión pública cuando los hechos estuvieran científicamente establecidos. De todas formas, eso llevará varias décadas".

"Todo proyecto tiene un comienzo y hay que empezar ya, estoy de acuerdo con el profesor", dice convencido el periodista López.

"Pues yo estoy en contra", dice claramente y en voz alta el alcalde, a lo que se une el señor Ricardo.

"Deberíamos hablarlo luego entre nosotros", se evade don Carlos.

"No hay nada que discutir, no es no" grita el señor Ricardo.

"¡Por favor, vuelve a escuchar mis propuestas en paz!" grita Don Carlos por su parte.

"¡No! Usted lo que quiere es dar la campanada con esto de siempre. Charlas, seminarios, conferencias... y tú siempre al frente del escenario como el mandamás, ¡eso es lo que quieres! Te encanta el gran escenario, ¡ya lo vemos aquí!" El señor Ricardo se pone personal.

"Pero no se puede seguir ocultando el gran sufrimiento causado por esta catástrofe natural y la verdadera razón del éxito económico del puerto para tan poca gente. Hay que darlo a conocer en la comunidad", añade don Carlos, casi con lágrimas en los ojos.

"Y urge una verdadera cultura del recuerdo de los esclavos. Los habitantes de Garachico no deben avergonzarse de ellos, sino simplemente dar a conocer su historia y ser honestos al respecto. Y punto", dice el periodista López.

"Así que volveremos a hablar de ello más tarde", dice don Carlos al alcalde, al abad Benito y a la señora Costa, "y aquí termina la reunión de hoy".

Ya era hora porque el sol ya se está poniendo detrás de las montañas.
Tomo la palabra y digo:

"Les agradezco a todos su activa participación y me encantaría que la inquietud del profesor cayera en terreno fértil. Y quiero agradecer especialmente a don Carlos que se haya tomado el tiempo este día y haya compartido con nosotros tantos de sus conocimientos."

Todos aplauden.
A su vez, él me agradece la oportunidad que le he brindado hoy y todos aplauden de nuevo. Me dan la mano y me agradecen individualmente los nuevos e interesantes conocimientos. A sugerencia del periodista, intercambiamos direcciones y datos de comunicación, para lo que yo ya había preparado una especie de tarjeta de visita.

Y con eso, la compañía se dispersa, las mujeres forman un grupo y caminan hacia la ciudad.

Epílogo

Al día siguiente me siento en un banco de la "Plaza de la Libertad", un lugar encantador porque aún me queda un poco de tiempo antes de mi partida. Sigue haciendo sol y calor, con pequeñas nubes y una ligera brisa: el típico tiempo canario. Es soportable aquí. El tiempo debió de ser agradable para la gente antes y después de la erupción volcánica, así que es comprensible que Tenerife sea un destino turístico popular.

El autor

El autor, Peter Reger, vive en Núremberg, una bella ciudad medieval de Alemania/Baviera con una larga tradición. Ha viajado mucho por todo el mundo y ha visto y experimentado gran parte del planeta. Este gran fondo es el tesoro de sus historias.

Más libros del autor:
* Namibia
Deadly Diamond Desert
Exciting Dropout Novel With Thriller Feeling

libro in English and Aleman

* Venezuela
Asesinatos en Chichireviche
Asesinatos relacionados con el petróleo en una playa del
Caribe

Más información en: https://dlpverlag.de/thriller

Literatura utilizada:

Guía de viaje "Tenerife" de Irene Borjes Müller Verlag
Navegando tormentas y océanos de Manuela Pinggèra
Mito y verdad guanches de Jonás Pérez Camacho
Folleto "Menceyes Guanches Candelaria"
Plano de la ciudad de Garachico
En Internet
https://www.webtenerife.de/uber-teneriffa/die-insel/gemeinden/guancha

http:// www.acanvol.org/erupcion-del-volcan-de-garachico-o-arenas-negras-1706

Pompeya: Protocolo del Infierno [Geolino]
www.volcanodiscovery.com

Translated with www.DeepL.com/Translator

Mágico Erupciòn Vulcànica y pesada herencia